Estudos Bíblicos para Crianças
ATOS

© 2012 Nazarene Publishing House
Originalmente publicado em inglês como
Bible Studies for Children: Acts
Esta edição foi publicada em acordo
com a Nazarene Publishing House.
Todos os direitos reservados.

ISBN 978-1-56344-734-1

Editor para a versão em Inglês dos EUA: William A. Rolfe
Editora Executiva para o Inglês Global: Allison L. G. Southerland
Editora Gerente para as versões em outras línguas: Allison L. G. Southerland
Comitê Editorial: Dan Harris, Jenni Monteblanco, Nate Owens, Beula Postlewait, Linda Stargel, Scott Stargel
Arte da Capa: "Philip and the Ethiopian Discover the Good News" por Greg White
Diretor de Ministério de Escola Dominical e Discipulado Internacional: Woodie J. Stevens
Tradutora: Ágatha Cristian Heap

Publicado por
KidzFirst Publications
17001 Prairie Star Parkway
Lenexa, KS 66220 (EUA)

Os textos bíblicos são reproduzidos da Bíblia Sagrada
Nova Versão Internacional, NVI
Copyright © 1973, 1978, 1984 por Biblica, Inc.
Usado com permissão de Zondervan.
Todos os direitos reservados.
www.zondervan.com

O primeiro Desafio Bíblico para Crianças, criado pelo Rev. William (Bill) Young, foi realizado com três equipes de demonstração do Distrito de Kansas City – Kansas City First, Kansas City St. Paul's, e Overland Park – na Convenção da Sociedade Nazarena de Jovens de 1968, em Kansas City, Missouri (EUA).

CONTEÚDO

Boas Vindas 4
Estudo Um: O Presente Prometido 7
Estudo Dois: Melhor que Dinheiro 12
Estudo Três: Uma Mente e Um Coração 17
Estudo Quatro: O Apedrejamento de Estêvão e a Dispersão da Igreja 22
Estudo Cinco: Filipe em Viagem 27
Estudo Seis: Saulo Transformado 32
Estudo Sete: Comer ou Não Comer 38
Estudo Oito: Deus Não Trata com Parcialidade 43
Estudo Nove: Pedro Escapa da Prisão 48
Estudo Dez: O Concílio de Jerusalém 53
Estudo Onze: O Testemunho de Paulo em Filipos 58
Estudo Doze: Novamente em Viagem 63
Estudo Treze: Ensinando e Pregando 68
Estudo Quatorze: Tumultos e Milagres 73
Estudo Quinze: A Surpreendente Corrida de Paulo 78
Estudo Dezesseis: Esta É a Minha História 83
Estudo Dezessete: Um Juramento Assassino 89
Estudo Dezoito: O Testemunho Vivo de Paulo 94
Estudo Dezenove: Fé Durante a Tempestade 99
Estudo Vinte: O Fim Está Próximo 104
Versículos para Memorização 109
Atividades para Memorização de Versículo 111
Passagens Bíblicas Fáceis de Ler 113
Desafio Bíblico para Crianças 143
Regras e Procedimentos Oficiais de Desafio Bíblico para Crianças 144
Certificado de Participação 153
Prêmio de Excelência 154
Lista de Presença 155
Tabela de Pontos da Competição de Crianças 156
Obrigado! 157

Boas Vindas!

Bem vindo aos *Estudos Bíblicos para Crianças*: *Atos*! Nessa coleção de estudos bíblicos, as crianças aprenderão sobre como os discípulos de Jesus espalharam o amor de Deus para o mundo todo! O Livro de Atos foi escrito por um médico chamado Lucas que viajou com Paulo em suas jornadas. O Livro de Atos conta sobre a ressurreição e ascensão de Jesus, sobre o dom do Espírito Santo e sobre o início da Igreja. Ele até nos diz quando e onde a palavra 'cristão' foi usada pela primeira vez. Atos nos diz como os cristãos de hoje podem continuar a espalhar as boas novas sobre o amor de Deus.

Estudos Bíblicos para Crianças: *Atos*! é um de seis livros da série *Estudos Bíblicos para Crianças*. Esses estudos ajudam as crianças a entenderem a cronologia bíblica e o significado de eventos bíblicos. Ao aprenderem sobre a vida das pessoas nesses estudos, as crianças descobrem o amor de Deus por todas as pessoas e o lugar que elas têm em Seus planos. Deus sempre pode usar milagres para alcançar os Seus propósitos. Entretanto, Ele prefere trabalhar com as pessoas para realizar o que Ele quer fazer.

A filosofia do *Estudos Bíblicos para Crianças* é ajudar as crianças a entenderem o que a Bíblia diz, aprenderem como Deus ajudou as pessoas e a crescerem em seu relacionamento com Deus. Ele inclui estudos bíblicos, memorização bíblica e aplicação dos ensinamentos bíblicos em situações da vida real.

A Série *Estudos Bíblicos para Crianças* usa a *Nova Versão Internacional* da Bíblia.

LIVROS

A seguir há uma curta descrição dos livros dessa série e da maneira como eles interagem uns com os outros.

Gênesis oferece a fundação. Esse livro conta como Deus criou o mundo do nada, formou o homem e a mulher e criou um lindo jardim para ser seu lar. Essas pessoas pecaram e experimentaram as consequências de seu pecado. Gênesis apresenta o plano de Deus para reconciliar o relacionamento quebrado entre Deus e as pessoas. Ele apresenta Adão, Eva, Noé, Abraão, Isaque e Jacó. Deus fez uma aliança com Abraão e renovou essa aliança com Isaque e Jacó. Gênesis termina com a história de José e ele salva a civilização da fome e o povo de Deus se muda para o Egito.

Êxodo conta sobre como Deus continuou a manter a Sua promessa para Abraão. Deus resgatou os israelitas da escravidão no Egito. O Senhor escolheu Moisés para guiar os israelitas. O Senhor estabeleceu Seu reino sobre os israelitas. Ele liderou e governou os israelitas através do estabelecimento do sacerdócio e do Tabernáculo, dos Dez Mandamentos e outras leis, e dos profetas e juízes. No final de Êxodo, somente uma parte da aliança do Senhor com Abraão está completa.

Josué, **Juízes** e **Rute** falam como Deus completou Sua aliança começada. Os israelitas conquistaram e se estabeleceram na terra que Deus prometeu a Abraão. Os profetas, os sacerdotes, a Lei e os rituais de adoração declararam que Deus era o Senhor e Rei dos Israelitas. As doze tribos de Israel se estabeleceram na terra prometida. Esse estudo enfatiza os juízes: Débora, Gideão e Sansão.

Em **1 e 2 Samuel**, os israelitas queriam um rei, porque outras nações tinham um rei. Esses livros falam de Samuel, Saul e Davi. Jerusalém tornou-se o centro de toda a nação de Israel. Esse estudo mostra como as pessoas reagem de forma diferente quando são confrontadas por seus pecados. Enquanto Saul culpava os outros, ou usava uma desculpa, Davi admitia seu pecado e pedia perdão a Deus.

Mateus é o ponto principal de toda a série. Ele foca o nascimento, vida e ministério de Jesus. Todos os livros anteriores da série apontaram para Jesus como o Filho de Deus e o Messias. Jesus inaugurou um novo tempo. As crianças aprendem sobre esse novo tempo em vários eventos: nos ensinos de Jesus, na Sua morte, na Sua ressurreição e no seu papel de mentor de Seus discípulos. Através de Jesus, Deus providenciou uma maneira para as pessoas terem um relacionamento com Ele.

No início de **Atos**, Jesus ascendeu aos céus e Deus enviou o Espírito Santo para ajudar a igreja. As boas novas de salvação através de Jesus Cristo se espalharam para muitas partes do mundo. Os crentes pregaram o evangelho para os gentios e o trabalho missionário foi iniciado. A mensagem do amor de Deus transformou tanto os judeus quanto os gentios. Há uma ligação direta entre os esforços evangelísticos do apóstolo Paulo e Pedro com as vidas das pessoas hoje.

CICLO

O ciclo de estudo a seguir é sugerido especificamente para aqueles que participarão da competição opcional, o desafio bíblico dos *Estudos Bíblicos para Crianças*. Você encontrará mais informações sobre isso na seção chamada "Desafio Bíblico para Crianças" (página 143).

* Atos (2012-13)
  Gênesis (2013-14)
  Êxodo (2014-15)
  Josué/Juízes/Rute (2015-16)
* 1 & 2 Samuel (2016-17)
  Mateus (2017-2018)

*Indica o ano do Desafio Mundial.

PROGRAMAÇÃO

Cada livro dessa série tem vinte estudos. Planeje de uma a duas horas de tempo de aula. A seguir tem uma sugestão de programação para cada estudo.

- 15 minutos para ATIVIDADE
- 30 minutos para LIÇÃO BÍBLICA
- 15 minutos para VERSÍCULO PARA MEMORIZAÇÃO
- 30 minutos para ATIVIDADES ADICIONAIS (opcional)
- 30 minutos para PRÁTICA DO DESAFIO (opcional)

PREPARAÇÃO DO PROFESSOR

É importante fazer uma preparação aprofundada de cada estudo. As crianças prestam mais atenção e entendem melhor o estudo se você prepara e apresenta bem o conteúdo. O texto em **negrito** em cada estudo indica sugestões de palavras que o professor pode usar e adaptar para falar com as crianças. Os seguintes passos ajudarão você se preparar.

1º Passo: Visão Geral. Leia o Versículo para Memorização, a Verdade Bíblica e a Dica de ensino.

2º Passo: Passagem Bíblica e Comentário Bíblico. Leia os versículos da passagem de estudo bíblico e a informação no Comentário Bíblico, incluindo quaisquer Palavras de Nossa Fé.

3º Passo: Atividade. Essa seção inclui um jogo ou brincadeira para preparar as crianças para a Lição Bíblica. Familiarize-se com a atividade, as instruções e os materiais. Traga os materiais necessários para a aula com você e prepare a atividade antes das crianças chegarem.

4º Passo: Lição Bíblica. Revise a lição e aprenda-a para que você possa contá-la como uma história. Há uma versão fácil de ler da passagem bíblica no final desse livro para ajudar você a se preparar. As crianças preferem que o professor conte uma história ao invés de lê-la de um livro. Use as Palavras de Nossa Fé de cada lição para fornecer informação adicional enquanto você conta a história. Depois da história, use as questões sugeridas. Elas ajudarão as crianças a entenderem a história e a aplicá-la em suas vidas.

5º Passo: Versículo para Memorização. Aprenda o versículo para memorização antes de ensiná-lo para as crianças. Uma lista de versículos para memorização e sugestões de atividades páginas 111-112. Escolha uma dessas atividades para ajudar as crianças a aprenderem o versículo para memorização. Familiarize-se com a atividade que você escolher. Leia as instruções e prepare os materiais que você trará para a aula.

6º Passo: Atividades Adicionais. As atividades adicionais são uma parte opcional do estudo. Essas atividades vão incrementar o estudo bíblico das crianças. Muitas dessas atividades precisam de mais materiais, recursos e tempo. Familiarize-se com as atividades que você escolher. Leia as instruções e prepare os itens utilizados que você trará para a aula.

7º Passo: Prática para Competição. O Desafio Bíblico é a parte de competição dos *Estudos Bíblicos para Crianças* e você encontrará mais informações na seção chamada "Desafio Bíblico para Crianças" (página 143). Ele é opcional ao estudo. Se você decidir participar do Desafio, dedique um tempo para a preparação das crianças. Há perguntas para praticar em cada um dos estudos. As primeiras dez perguntas são para um nível básico de competição. As perguntas são simples e há três respostas possíveis para cada pergunta. As próximas dez perguntas são para um nível avançado de competição. Há quatro respostas possíveis para cada pergunta e essas perguntas são mais detalhadas. As crianças, juntamente com a direção do professor, escolhem o nível de competição desejado. Baseado no número de crianças e recursos disponíveis, você pode escolher oferecer somente o nível básico ou somente o nível avançado. Antes de fazer as perguntas para praticar, leia a passagem bíblica para as crianças.

ESTUDO UM

ATOS 1:1-11; 2:1-8, 12-21, 36-47

O Presente Prometido

VERSÍCULO PARA MEMORIZAÇÃO

"Nós somos testemunhas destas coisas, bem como o Espírito Santo, que Deus concedeu aos que lhe obedecem." (Atos 5:32)

VERDADE BÍBLICA

Espírito Santo é o presente de Deus para nós.

DICA DE ENSINO

Ao liderar o estudo bíblico, explique aos alunos que nós podemos reconhecer a direção do Espírito Santo. Podemos testemunhar aos outros ao obedecermos o Espírito Santo.

COMENTÁRIO BÍBLICO

O livro de Lucas, Atos dos Apóstolos, convida os leitores a continuarem a missão de Cristo até a Sua volta.

Por quarenta dias, Jesus preparou seus seguidores para continuarem a sua missão. "Quarenta" nos lembra daqueles que foram testados antes de começarem os seus ministérios: os israelitas peregrinando pelo deserto, Moisés no monte Sinai e Elias quando ele fugiu para Horebe.

Jesus ecoa a profecia de Isaías 32:15. É o Espírito que capacita os crentes para testemunhar eficazmente ao mundo inteiro.

Os seguidores de Jesus foram batizados com o Espírito Santo no Pentecoste. Originalmente, Pentecoste (também conhecido como Festa das Semanas) celebrava o presente que Deus deu para Moisés e o povo de Israel através dos 10 Mandamentos, cinquenta dias depois do êxodo do Egito. Para os cristãos hoje, o Pentecoste é a celebração do presente de Deus que é o Espírito Santo para todos os cristãos, cinquenta dias depois do Dia de Páscoa.

Deus derramou o Seu Espírito sobre a comunidade de cristãos. O Espírito os uniu e lhes deu uma paixão para seguir a Cristo. Eles receberam o poder para comunicar inteligivelmente a verdade de Jesus para o mundo inteiro.

Pedro convidou os seus ouvintes para se arrependerem e serem batizados. Os novos crentes se uniram em uma comunidade de fé e cresceram em sua fé obedecendo aos ensinamentos dos apóstolos, orando diariamente e compartilhando com os necessitados. Nesses primeiros dois capítulos, vemos o início da missão de

Jesus de trazer libertação do pecado e de ver essa mensagem se espalhar até os confins da terra.

A Igreja Primitiva tinha esperança. Eles viam que Deus continuava a lhes transformar pelo poder do Espírito Santo. Deus estava revelando Seu reino na Terra. Eles estavam empolgados para compartilhar essas boas novas com todos. Como cristãos, nós continuamos a missão iniciada pela Igreja fiel há mais de dois mil anos. Da mesma forma, nós podemos experimentar o poder do Espírito Santo e seremos testemunhas do reino de Deus quando Deus nos transformar.

PALAVRAS DA NOSSA FÉ

Espírito Santo – o Espírito de Deus. O Espírito Santo nos dá poder para vivermos para Deus ao confiarmos em Jesus como nosso Salvador.

Jesus Cristo – Jesus é o filho de Deus, o Salvador do mundo. Jesus é totalmente Deus totalmente humano. Cristo é uma palavra em grego que quer dizer "o ungido".

Messias – Messias é a palavra hebraica que significa "o ungido" e é normalmente traduzida como "o Cristo". Ela se refere a Jesus Cristo.

Pedro – um dos 12 discípulos de Jesus. Ele pregou o primeiro sermão no Pentecoste e foi um líder da Igreja Primitiva.

Jerusalém – O centro da religião judaica. Jerusalém é o ponto geográfico focal para grande parte da Bíblia.

Pentecoste – um festival religioso que acontece 50 dias depois da Páscoa. Os cristãos o celebram como o dia que o Espírito Santo veio e a Igreja Primitiva nasceu.

os apóstolos – primeiros líderes da Igreja Cristã que foram especialmente escolhidos por Jesus. Eles eram os embaixadores de Deus à medida que a Igreja crescia e se espalhava.

batismo – uma cerimônia pública que simboliza o renascimento de uma pessoa em Jesus Cristo. O batismo é um ritual onde o crente é imergido em água, ou recebe respingos de água, ou tem água derramada sobre a sua cabeça. Um crente escolhe ser batizado para mostrar que está começando uma nova vida em Cristo.

os judeus – pessoas que praticam a religião judaica. Deus estabeleceu uma aliança com Abraão em Gênesis 15 e 17. Os judeus são conhecidos como descendentes de Abraão, de seu filho e de seu neto (Isaías e Jacó). A Bíblia também os chama de israelitas.

profecia – uma mensagem de Deus para o povo. Algumas profecias nos falam sobre o que vai acontecer no futuro.

ATIVIDADE

Convide duas crianças para ficarem na frente da classe. Diga aos outros para olharem para elas por 10 segundos. Depois, mande as duas crianças para um lugar onde ninguém poderá vê-las.

Enquanto as duas crianças estiverem fora de vista, peça para as outras crianças descrevê-las para você. Escreva todos os detalhes. Você pode fazer perguntas para elas. Por exemplo, pergunte coisas do tipo:

- As duas crianças estavam usando uma jaqueta?

- Elas tinham alguma coisa em suas mãos?
- Qual era a cor de seus sapatos?

Traga as duas crianças de volta para a sala. Revise as descrições com as crianças.

Pergunte: **Vocês as descreveram com precisão?** Dê um tempo para as crianças responderem. Então, diga: **Nós usamos muitas palavras para falar dessas duas pessoas. Agora, se elas saíssem dessa sala e alguém lhe pedisse para descrevê-las novamente, vocês poderiam falar delas com mais detalhes, porque vocês olharam para elas mais de perto. Hoje nós vamos aprender sobre como Jesus pediu para os seus amigos falarem dEle.**

LIÇÃO BÍBLICA

Prepare a história bíblica baseada nos versículos bíblicos dessa lição.

Uma versão fácil de ler dessa lição está impressa no fim desse livro, nas páginas 113-142.

As crianças entenderão melhor essa lição se você contar a história para elas, ao invés de ler.

Depois da história, motive as crianças a responderem as perguntas a seguir. Não há respostas certas ou erradas. Essas perguntas ajudam as crianças a entenderem as histórias e aplicá-las em suas vidas.

1. **Você já sentiu que Deus estava lhe dirigindo? Como você reconhece a direção de Deus? Discutam esse tópico juntos.**
2. **Leia o versículo para memorização, Atos 5:32. Para quem Deus dá o Espírito Santo?**
3. **Quais dificuldades o Espírito Santo já lhe ajudou a superar?**
4. **O batismo é uma forma de mostrar que você está comprometido com Jesus Cristo. Também é um sinal para mostrar aos outros que você quer se tornar parte da família de Deus, a Igreja. Você já se batizou? Por que ou por que não?**

Diga: **Nessa lição, você aprenderá que Deus trabalhou através da vida dos primeiros cristãos da Igreja Primitiva. Mas o trabalho de Deus não terminou ali. Você também é parte da história de Deus. O dom de Deus do Espírito Santo lhe ajudará a ser ousado e corajoso ao viver para Ele.**

VERSÍCULO PARA MEMORIZAÇÃO

Pratique o Versículo para Memorização do estudo. Você encontrará sugestões de atividades para o Versículo de Memorização nas páginas 111-112.

ATIVIDADES ADICIONAIS

Escolha qualquer uma dessas opções para incrementar o estudo.

1. Encontre uma Bíblia com concordância e pesquise o termo "Espírito Santo". Estude diversas páginas adicionais que façam referência ao Espírito Santo e leia-as para a classe. Discuta sobre o que essas passagens nos ensinam sobre o Espírito Santo.
2. Pesquise sobre a Festa das Semanas, também chamada de Pentecoste. Qual era o significado dela para o seu tempo? O que geralmente acontecia durante esse tempo de celebração?

PERGUNTAS PARA COMPETIÇÃO BÁSICA

Para preparar as crianças para a competição, leia Atos 1:1-11; 2:1-8, 12-21, 36-47 para elas.

1 Para quem o livro de Atos foi escrito? (1:1)
1. César
2. Lucas
3. **Teófilo**

2 Sobre o que Jesus falou quando ele apareceu aos apóstolos por quarenta dias? (1:3)
1. **Sobre o Reino de Deus**
2. Sobre a Sua ressurreição
3. Sobre os Seus milagres

3 Enquanto Ele comia com os apóstolos, Jesus lhes disse para não fazerem algo. O que foi isso? (1:4)
1. Não comam muito.
2. **Não saiam de Jerusalém.**
3. Não digam a ninguém que vocês me viram.

4 Com o que João batizava? (1:5)
1. Com o Espírito Santo
2. Com óleo
3. **Com água**

5 Jesus disse que os apóstolos receberiam alguma coisa depois que o Espírito Santo descesse sobre eles. O que seria isso? (1:8)
1. Amor
2. **Poder**
3. Dons

6 Jesus disse que os apóstolos seriam suas testemunhas quando o Espírito Santo viesse. Onde eles deveriam ser testemunhas? (1:8)
1. Em Jerusalém, na Judeia e Samaria
2. Até os confins da Terra
3. **As duas respostas estão corretas.**

7 Quem profetizará quando Deus derramar o Seu Espírito sobre todas as pessoas? (2:17-18)
1. Filhos e filhas
2. Servos de Deus, tanto homens quanto mulheres
3. **As duas respostas estão corretas.**

8 Quantos foram adicionados ao número de apóstolos no dia de Pentecoste? (2:41)
1. Cerca de 1.000
2. **Cerca de 3.000**
3. Cerca de 5.000

9 Os cristãos se dedicavam ao quê? (2:42)
1. Ao ensino dos apóstolos e à comunhão
2. Ao partir do pão e às orações
3. **As duas respostas estão corretas.**

10 Com qual frequência os cristãos se reuniam? (2:46)
1. **Todos os dias**
2. Somente aos domingos
3. Uma vez por semana

PERGUNTAS PARA COMPETIÇÃO AVANÇADA

Para preparar as crianças para a competição, leia Atos 1:1-11; 2:1-8, 12-21, 36-47 para elas.

1 Enquanto Ele comia com os apóstolos, o que Jesus disse para eles? (1:4-5)
1. "Não saiam de Jerusalém"
2. "Esperem pela promessa de meu Pai"
3. "Serão batizados com o Espírito Santo"
4. **Todas as respostas estão corretas.**

2 Jesus disse que os apóstolos seriam suas testemunhas quando o Espírito Santo descesse. Onde eles seriam testemunhas? (1:8)
1. Em Jerusalém
2. Em toda a Judeia e Samaria
3. Até os confins da Terra
4. **Todas as respostas estão corretas.**

3 O que os dois homens vestidos de branco disseram? (1:10-11)
1. "Não tenham medo."
2. **"Jesus voltará da mesma forma como o viram subir."**
3. "Voltem para casa. Não há nada para ver aqui."
4. "Jesus partiu para lhes preparar um lugar."

4 O que aconteceu quando chegou o dia de Pentecoste? (2:1-4)
1. Eles ouviram do céu um som, como de um vento muito forte.
2. Viram o que parecia línguas de fogo, que se separaram e pousaram sobre cada um deles.
3. Todos ficaram cheios do Espírito Santo e começaram a falar noutras línguas.
4. **Todas as respostas estão corretas.**

5 Quem estava em Jerusalém no dia de Pentecoste? (2:5)
1. Cornélio e sua família
2. **Judeus tementes a Deus**
3. Jesus e os apóstolos
4. Três mulheres chamadas Maria

6 Pedro cita um profeta do Antigo Testamento no dia de Pentecoste. Que profeta foi esse? (2:16-21)
1. Isaías
2. Jeremias
3. **Joel**
4. Samuel

7 De que Pedro disse que Israel poderia ficar certo? (2:36)
1. **"Este Jesus, a quem vocês crucificaram, Deus o fez Senhor e Cristo."**
2. "João é o único que deve batizar as pessoas."
3. "Jesus nos dirá sobre a sua volta."
4. "Nós, apóstolos, vimos Jesus."

8 Para quem o Espírito Santo foi prometido? (2:38-39)
1. Para você e para os seus filhos
2. Para todos os que estão longe
3. Para todos quantos o Senhor Deus chamar
4. **Todas as respostas estão corretas.**

9 O que os cristãos faziam depois que eles vendiam seus bens e propriedades? (2:45)
1. **Distribuíam a cada um conforme a sua necessidade.**
2. Eles guardavam o dinheiro para eles mesmos.
3. Eles davam o dinheiro para a igreja.
4. Eles compravam outras coisas.

10 Complete o versículo: "Nós somos testemunhas destas coisas, bem como o Espírito Santo, que Deus concedeu..." (Atos 5:32)
1. **"... aos que lhe obedecem."**
2. "... aos que clamarem pelo Seu nome."
3. "... a todos que pedirem."
4. "... aos que receberam Seu Espírito."

ESTUDO DOIS

ATOS 3:1-16, 4:1-22

Melhor Que Dinheiro

VERSÍCULO PARA MEMORIZAÇÃO

"Não há salvação em nenhum outro, pois, debaixo do céu não há nenhum outro nome dado aos homens pelo qual devamos ser salvos." (Atos 4:12)

VERDADE BÍBLICA

O Espírito Santo nos dá coragem para testemunhar de Jesus.

DICA DE ENSINO

Ao liderar o estudo bíblico, compartilhe o seu testemunho com os seus alunos, revelando como Deus tem trabalhado na sua vida.

COMENTÁRIO BÍBLICO

Quando Pedro e João chegaram ao templo para orar, um mendigo lhes chamou e pediu dinheiro. Por causa da condição física do mendigo, ele não conseguia adorar a Deus no templo. Ele era impuro, alguém "de fora". Ao invés de lhe dar dinheiro, Pedro o curou em nome de Jesus. (Veja Lucas 13:10-13 para ver uma situação semelhante com Jesus, uma das muitas histórias de Jesus curando o povo.) Nessa história nós temos um vislumbre do que trata o livro de Atos: os primeiros cristãos compartilhavam as boas novas de Jesus e da salvação com todos e não somente com as pessoas que já eram religiosas.

O mendigo, totalmente restaurado, une-se a Pedro e João para louvar a Deus. Pedro declarou que a cura do mendigo havia acontecido pelo nome de Jesus. Vemos que o poder de Jesus não é limitado. Ele pode fazer coisas miraculosas para curar e salvar as pessoas.

Os líderes religiosos prenderam Pedro e João. Entretanto, os apóstolos estavam preparados, porque Jesus os ensinou a não se preocuparem com o que dizer quando isso acontecer. Ao invés disso, o Espírito Santo os ajudaria (Lucas 12:11-12). Então, guiados pelo Espírito Santo, Pedro falou com confiança diante desse grupo de enfurecidos líderes religiosos. Ele repetiu sua mensagem de boas novas sobre Jesus, que é o único que pode trazer salvação.

O Sinédrio não queria que essa mensagem sobre Jesus fosse espalhada. Eles mandaram os apóstolos pararem de pregar no nome de Jesus. Pedro e João reconheceram que sua primeira obrigação era obedecer a Deus. O Espírito capacitou Pedro, uma testemunha fiel, a falar corajosamente. Somente há poucos meses, Pedro havia negado a sua associação com Jesus. Entretanto, depois do Pentecoste, ele conseguiu defender publicamente o seu Senhor.

PALAVRAS DA NOSSA FÉ

os saduceus – líderes judaicos de famílias de sacerdotes que acreditavam em seguir rigidamente a Lei de Moisés. Eles não acreditavam na ressurreição dos mortos nem em anjos. (Eles também são chamados de "mestres da lei".)

arrepender-se – abandonar o pecado e virar-se para Deus.

puro & **impuro** – categorias que definem certas pessoas, animais e comida de acordo com a lei e os costumes judaicos. Geralmente, alguém poderia tornar puro algo impuro fazendo um ritual especial, chamado de ritual de purificação. No Novo Testamento, Jesus mostrou que a pureza e a impureza são questões mais internas do que externas. Veja Ezequiel 36:24-27 para mais informação.

salvação – tudo o que Deus faz para perdoar as pessoas de seus pecados e para ajudá-las a obedecê-lo. Somente Deus pode salvar as pessoas do pecado.

o Sinédrio – um grupo de líderes judaicos que representavam um tribunal legítimo.

uma testemunha – alguém que diz aos outros o que ele ou ela viu ou experimentou. Uma testemunha cristã é uma pessoa que fala aos outros sobre Jesus e sobre a salvação.

um templo – um lugar especial de adoração em Jerusalém usado pelos judeus em tempos bíblicos. O primeiro templo foi construído por Salomão. Veja 1 Reis 6 para mais detalhes.

ATIVIDADE

Você precisará dos seguintes itens para essa atividade:

- Fita crepe, opcional (você pode escolher outra forma de designar a "prisão" para a sua lição)

Antes da aula, use a fita crepe para designar uma área quadrada grande no chão para ser a "prisão". Essa área tem que ter espaço suficiente para os alunos ficarem de pé ou sentarem.

Durante o estudo, leia e discuta os principais pontos da história bíblica. Lidere a conversa para que as crianças falem sobre Jesus. Toda vez que um aluno falar 'Jesus', ele deve ir para a prisão. Diga: **Nos tempos de Pedro e João, muitos cristãos eram presos e enviados para a prisão por falar de Jesus. O que você acha que eles faziam na prisão**?

LIÇÃO BÍBLICA

Prepare a história bíblica baseada nos versículos bíblicos dessa lição.

Uma versão fácil de ler dessa lição está impressa no fim desse livro, nas páginas 113-142.

As crianças entenderão melhor essa lição se você contar a história para elas, ao invés de ler.

Depois da história, motive as crianças a responderem as perguntas a seguir. Não há respostas certas ou erradas. Essas perguntas ajudam as crianças a entenderem as histórias e aplicá-las em suas vidas.

1. O que Pedro e João compartilharam com o mendigo? Você acha que isso foi valioso? Por que ou por que não?
2. O mendigo recebeu o que ele esperava? Se você fosse o mendigo, como você se sentiria sobre essa sua experiência de cura?
3. Quando você se arrepende do pecado, Deus sempre começa a mudar a sua mente e pensamentos sobre alguns assuntos. De quais maneiras Deus tem mudado os seus pensamentos? O que mais começa a mudar quando você muda os seus pensamentos?
4. Como você acha que Pedro e João se sentiram de pé, na frente das mesmas pessoas que sentenciaram Jesus à morte? O Espírito Santo estava com Pedro e João? Como você sabe?
5. Você consegue pensar em alguns momentos quando é difícil para os cristãos saberem o que é certo fazer ao invés de seguirem a multidão?

Diga: Às vezes é difícil para os cristãos fazerem o que é certo. Entretanto, podemos estar confiantes de que o Espírito Santo estará conosco quando obedecermos a Deus. O Espírito Santo é a nossa fonte de esperança, coragem e paz.

VERSÍCULO PARA MEMORIZAÇÃO

Pratique o Versículo para Memorização do estudo. Você encontrará sugestões de atividades para o Versículo de Memorização nas páginas 111-112.

ATIVIDADES ADICIONAIS

Escolha uma dessas opções para incrementar o estudo bíblico das crianças.

1. Use um computador ou comentários bíblicos para pesquisar sobre outra religião. O que aquela religião fala sobre receber salvação? Quais são os passos que a pessoa deve tomar? Compare isso com o que nós cremos. Leia Atos 4:12 novamente. O que você acredita sobre salvação? Compartilhe a sua pesquisa com a classe.
2. Descubra o máximo de informações que você puder sobre o templo e desenhe ou faça um modelo dele.

PERGUNTAS PARA COMPETIÇÃO BÁSICA

Para preparar as crianças para a competição, leia Atos 3:1-16, 4:1-22 para elas.

1 Quando Pedro e João foram para o templo? (3:1)
1. Na hora da oração
2. Às três horas da tarde
3. **As duas respostas estão corretas.**

2 Qual era o nome da porta do templo? (3:2)
1. Deslumbrante
2. **Formosa**
3. Bela

3 O que aconteceu depois que Pedro segurou o homem aleijado pela mão? (3:7-8)
1. **O homem aleijado deu um salto, pôs-se em pé e começou a andar.**
2. O homem aleijado caiu e chorou.
3. Pedro carregou o homem aleijado para dentro do templo.

4 Pela fé no nome de Jesus, o que aconteceu com o homem aleijado? (3:16)
1. Ele virou pastor.
2. **Ele recebeu uma saúde perfeita.**
3. Ele recebeu bastante dinheiro.

5 O que os sacerdotes, o capitão da guarda do templo e os saduceus fizeram com Pedro e João? (4:1-3)
1. Eles tentaram matá-los.
2. Eles pagaram Pedro e João por terem curado o homem aleijado.
3. **Eles os agarraram e os jogaram na prisão.**

6 O número dos que creram cresceu depois que Pedro e João curaram o homem. Para quantas pessoas esse número cresceu? (4:4)
1. **Perto de 5.000**
2. Perto de 7.000
3. Perto de 10.000

7 Como o livro de Atos descreve Pedro quando ele falou com as autoridades e os líderes do povo? (4:8)
1. Pedro estava empolgado.
2. **Pedro estava cheio do Espírito Santo.**
3. Pedro estava com medo.

8 Quem é a pedra que os construtores rejeitaram, e que se tornou a pedra angular? (4:10-11)
1. Pedro
2. **Jesus**
3. João

9 O que aconteceu quando as autoridades e os líderes do povo viram a coragem de Pedro e João? (4:13)
1. Eles ficaram com medo.
2. Eles ficaram empolgados.
3. **Eles ficaram admirados.**

10 Depois que Pedro e João curaram o homem aleijado, qual foi a ordem que as autoridades e os líderes do povo deram para eles? (4:18)
1. "Vão para casa e descansem."
2. "Compartilhem com todos o que vocês viram e ouviram."
3. **"Não falem nem ensinem em nome de Jesus."**

PERGUNTAS PARA COMPETIÇÃO AVANÇADA

Para preparar as crianças para a competição, leia Atos 3:1-16, 4:1-22 para elas.

1 O que o homem aleijado fazia na porta do templo chamada Formosa? (3:2)
1. Ele comia ali.
2. Ele vendia frutas e legumes ali.
3. **Ele pedia esmolas todos os dias.**
4. Ele descansava enquanto os outros adoravam.

2 O quanto de ouro e de prata Pedro deu ao homem aleijado? (3:6)
1. **Nada**
2. 10 siclos
3. Meio siclo
4. 100 siclos

3 Depois que o homem aleijado começou a andar, o que ele fez? (3:8)
1. Entrou com Pedro e João no patio do templo.
2. Ele andou e saltou.
3. Ele louvou a Deus.
4. **Todas as respostas estão corretas.**

4 Pedro e João eram testemunhas de quê? (3:15)
1. De que o homem aleijado havia mentido sobre sua doença
2. De que o homem aleijado era um ladrão
3. **De que Deus ressuscitou Jesus dos mortos**
4. De que Jesus havia voltado da mesma forma que Ele havia ido aos céus

5 O que restaurou perfeitamente a saúde do homem? (3:16)
1. Mágica
2. Remédio
3. **Fé**
4. O próprio poder de Pedro

6 Pedro e João foram presos. O que aconteceu depois? (4:3-4)
1. **Muitos dos que tinham ouvido a mensagem creram, chegando o número de homens que creram a perto de cinco mil.**
2. O homem aleijado, que foi curado, foi liberto.
3. Pedro e João escaparam.
4. Todas as respostas estão corretas.

7 Em nome de quem Pedro disse que o homem havia sido curado? (4:9-10)
1. Em nome de Pedro
2. Em nome de Deus
3. Em nome dos cidadãos de Jerusalém
4. **Em nome de Jesus Cristo de Nazaré**

8 Pedro e João disseram que eles não poderiam parar de falar sobre algo. Do que seria isso? (4:19-20)
1. Do homem que foi curado
2. De como Jesus ascendeu aos céus
3. **Sobre o que eles viram e ouviram**
4. Sobre a maneira que eles foram maltratados na prisão

9 Por que as autoridades deixaram Pedro e João ir embora? (4:21)
1. Porque Pedro e João pagaram uma fiança
2. **Porque todo o povo estava louvando a Deus pelo que acontecera**
3. Porque a prisão estava cheia
4. Porque alguém os subornou

10 Complete o versículo: "Não há salvação em nenhum outro, pois, debaixo do céu não há nenhum outro nome dado aos homens..." (Atos 4:12)
1. "...pelo qual devamos obedecer."
2. "...tão forte como o nome de Jesus."
3. "...que devamos temer."
4. **"...pelo qual devamos ser salvos ."**

ESTUDO TRÊS

ATOS 4:23–5:11

Uma Mente e Um Coração

VERSÍCULO PARA MEMORIZAÇÃO

"Não se esqueçam de fazer o bem e de repartir com os outros o que vocês têm, pois de tais sacrifícios Deus se agrada."
(Hebreus 13:16)

VERDADE BÍBLICA

Deus supre as necessidades dos outros através de pessoas obedientes.

DICA DE ENSINO

Ajude as crianças a entenderem o motivo por trás do mentira de Ananias e Safira. Motivo é a razão pela qual fazemos as coisas que fazemos. Deus se preocupa em como respondemos aos outros externamente. Mas Ele também se preocupa em como respondemos a Ele internamente.

COMENTÁRIO BÍBLICO

Algumas vezes, os cristãos da Igreja Primitiva escolhiam compartilhar sua propriedade, ou o dinheiro da venda de uma propriedade, com os outros. A caridade entre a comunidade, encorajava a amizade, maturidade e confiança radical em Deus. Entretanto, dar dinheiro ou propriedade era um ato voluntário.

Há dois tipos diferentes de cristãos que compartilhavam as suas propriedades: um através de honestidade e outro através de engano.

Barnabé vendeu um campo e deu o dinheiro para os apóstolos. Esse é um exemplo de um doador fiel e honesto. Mais tarde vamos aprender sobre o papel de Barnabé como um encorajador dos cristãos quando ele apoiou Paulo no ministério.

Em contraste com Barnabé, havia outros dois cristãos: Ananias e sua esposa Safira. Eles também venderam a sua propriedade, mas eles guardaram parte do dinheiro para eles mesmos. Quando eles deram parte do dinheiro aos discípulos, eles fingiram que era a quantia inteira. Nesta história, temos o primeiro registro de pecado na Igreja Primitiva. Eles pecaram ao mentirem para Deus e para os outros.

Os apóstolos deram aos dois a oportunidade de se arrependerem, mas eles continuaram a mentir. A punição foi rápida e os dois morreram.

O castigo de Ananias e Safira pode parecer duro. Entretanto, a Igreja Primitiva aprendeu uma lição importante. Mesmo que a fé que tinham em Jesus os liberasse de algumas restrições da lei judaica, isso não significava que eles tinham permissão para serem imorais. Mentira e desrespeito a autoridade não tinham lugar na comunidade de fé.

Infelizmente, o trabalho do Espírito nas vidas de Ananias e Safira não mudou o seu amor pelo prestígio e pelo dinheiro. Entretanto, o trabalho do Espírito nas vidas dos cristãos deveria levá-los a liberdade e generosidade, como exemplificado em Barnabé. Vamos seguir o seu exemplo!

PALAVRAS DA NOSSA FÉ

um cristão – uma pessoa que acredita que Jesus é o Filho de Deus. Os cristãos aceitam Jesus como seu Salvador e eles O amam e O obedecem.

ATIVIDADE

Você precisará dos seguintes itens para essa atividade:
- Um presente simples para cada criança (por exemplo: um pedaço de fruta, pão, biscoito, doce ou brinquedo)
- dinheiro de brincadeira (use dinheirinho de um jogo ou crie o seu próprio dinheiro cortando tiras de papel e escrevendo diferentes quantias de cada um)

Distribua o presentinho para algumas crianças, não todas.

Instrua as crianças a não brincarem nem comerem o que acabaram de ganhar. Escolha um líder adulto ou uma criança para ser responsável pelo dinheiro de brincadeira. Motive as crianças a venderem suas propriedades e darem o dinheiro para alguém que não tenha nada. Motive o banqueiro a comprar e vender os itens para que, no fim, toda criança tenha um presente.

Diga: **Os presentes representam as nossas necessidades diárias. Deus quer que tenhamos compaixão e sejamos generosos uns com os outros. Quando compartilhamos, ajudamos as pessoas em necessidade. Os primeiros cristãos ajudavam os outros e nós podemos ajudar os outros também**.

Converse sobre como os primeiros cristãos ajudavam uns ao outros vendendo algumas de suas propriedades para ajudar pessoas em necessidade.

LIÇÃO BÍBLICA

Prepare a história bíblica baseada nos versículos bíblicos dessa lição.

Uma versão fácil de ler dessa lição está impressa no fim desse livro, nas páginas 113-142.

As crianças entenderão melhor essa lição se você contar a história para elas, ao invés de ler.

Depois da história, motive as crianças a responderem as perguntas a seguir. Não há respostas certas ou erradas. Essas perguntas ajudam as crianças a entenderem as histórias e aplicá-las em suas vidas.
1. **Quando Pedro e João foram liberados da prisão, eles voltaram para os cristãos e oraram juntos. Eles pediram coragem para anunciar a Palavra de Deus. Quão importante é a oração nas nossas vidas**?
2. **Os cristãos compartilhavam o que eles tinham com as pessoas em necessidade. Como é que os cristãos hoje compartilham o que têm com aqueles que estão em necessidade**?
3. **Ananias e Safira não foram honestos com Deus. As pessoas podem ser desonestas de maneiras diferentes. De**

quais maneiras as pessoas podem ser desonestas?

4. **Depois da morte de Ananias e Safira, a Igreja Primitiva viu que suas escolhas tinham consequências. O que você acha que eles aprenderam dessa experiência?**

Diga: **Deus quer que vejamos que as nossas escolhas afetam o nosso mundo e os nossos relacionamentos. Más escolhas geram consequências negativas e boas escolhas geram consequências positivas. Deus nos ama. Deus é tanto misericordioso quanto justo em seu amor. Podemos ter certeza que Ele é um bom juiz. Ele sempre fará o que é certo.**

VERSÍCULO PARA MEMORIZAÇÃO

Pratique o Versículo para Memorização do estudo. Você encontrará sugestões de atividades para o Versículo de Memorização nas páginas 111-112.

ATIVIDADES ADICIONAIS

Escolha alguma dessas opções para incrementar o estudo bíblico das crianças.

1. Em Atos 4:24-30, os cristãos oraram, louvando a Deus por tudo o que Ele fez. Eles pediram coragem para pregar a Palavra. Leia a oração deles. Então, com os seus alunos, escreva: "uma oração de cristãos" que vocês possam recitar juntos. A "oração de cristãos" em Atos mencionava trechos bíblicos que eram familiares para aquelas pessoas. Ela também mencionava problemas e louvores que eram comuns para aquele grupo de cristãos. Use a oração de Atos como um modelo para fazer uma oração que seja significativa para a sua turma.

2. Barnabé era um dos cristãos que havia vendido sua terra e levado o dinheiro para os apóstolos. O nome de uma pessoa geralmente tem um significado especial. O nome Barnabé quer dizer "aquele que encoraja". Pergunte aos alunos se o nome deles tem algum significado especial. Se possível, pesquise o significado de alguns dos nomes de seus alunos antes da aula.

3. Providencie uma folha de papel para cada aluno. Ajude-os a escrever seus nomes com letras grandes e estilosas. Decore a página e desenhe uma borda preta grossa em cada uma das laterais. Motive os alunos a pendurarem sua placa em seus quartos ou nas paredes de suas casas.

PERGUNTAS PARA COMPETIÇÃO BÁSICA

Para preparar as crianças para a competição, leia Atos 4:23-5:11 para elas.

1 Depois que Pedro e João deram seu relatório, as pessoas oraram. O que aconteceu depois disso? (4:31)
1. Tremeu o lugar onde estavam reunidos.
2. Todos ficaram cheios do Espírito Santo e anunciavam corajosamente a palavra de Deus.
3. **As duas respostas estão corretas.**

2 Quem era uma mente e um coração? (4:32)
1. Os judeus
2. **Todos os que creram**
3. Os gentios

3 O que os cristãos faziam com o que possuíam? (4:32)
1. **Eles compartilhavam tudo o que tinham.**
2. Eles eram egoístas e guardavam tudo para eles mesmos.
3. Nenhum deles tinham propriedades.

4 Quantas pessoas necessitadas havia entre os cristãos? (4:34)
1. Poucas
2. Centenas
3. **Nenhuma**

5 O que significa o nome Barnabé? (4:36)
1. Filho de Deus
2. **Encorajador**
3. Filho do Trovão

6 Quem vendeu uma propriedade e reteve parte do dinheiro? (5:1-2)
1. **Ananias e Safira**
2. Barnabé e José.
3. As duas respostas estão corretas.

7 Pedro disse que Ananias mentiu. Para quem ele mentiu? (5:3-4)
1. Para Pedro
2. Para sua esposa, Safira
3. **Para o Espírito Santo**

8 Pedro perguntou Safira: "Foi esse o preço que vocês conseguiram pela propriedade?" Qual foi a resposta de Safira? (5:7-8)
1. **"Sim, foi esse mesmo."**
2. "O que Ananias disse?"
3. "Não, nós recebemos mais."

9 O que aconteceu com Safira? (5:10)
1. Ela caiu morta aos pés de Pedro.
2. Ela foi sepultada ao lado de seu marido.
3. **As duas respostas estão corretas.**

10 Complete o versículo: "Não se esqueçam de fazer o bem e de repartir com os outros o que vocês têm, pois de tais sacrifícios ..." (Hebreus 13:16)
1. "...vocês serão recompensados."
2. **"...Deus se agrada."**
3. "...chegam grandes coisas."

PERGUNTAS PARA COMPETIÇÃO AVANÇADA

Para preparar as crianças para a competição, leia Atos 4:23-5:11 para elas.

1 O que as pessoas fizeram quando Pedro e João relataram tudo o que os chefes dos sacerdotes e líderes religiosos disseram para eles? (4:23-24)
1. **Elas levantaram suas vozes e oraram a Deus.**
2. Elas gritaram em desespero.
3. Elas rasgaram suas roupas e choraram.
4. Elas celebraram.

2 Depois que Pedro e João foram libertos, as pessoas oraram. O que aconteceu depois disso? (4:31)
1. Tremeu o lugar onde estavam reunidos.
2. Todos ficaram cheios do Espírito Santo.
3. Anunciavam corajosamente a Palavra de Deus.
4. **Todas as respostas estão corretas.**

3 Quem compartilhava tudo o que tinha? (4:32)
1. Somente Pedro e João
2. Somente as mulheres e as crianças
3. **Todos os cristãos**
4. Ninguém

4 Quem era chamado de Barnabé? (4:36)
1. Pedro, um dos apóstolos
2. **José, um levita de Chipre**
3. O sumo sacerdote
4. O apóstolo que substituiu Judas Iscariotes

5 O que Barnabé fez com o dinheiro do campo que ele vendeu? (4:36-37)
1. Ele guardou o dinheiro para ele.
2. Ele guardou parte do dinheiro para ele.
3. Ele comprou uma casa para os apóstolos.
4. **Ele colocou o dinheiro nos pés dos apóstolos.**

6 De acordo com Pedro, para quem Ananias mentiu? (5:3)
1. Para os apóstolos
2. Para a sua esposa, Safira
3. **Para o Espírito Santo**
4. Todas as respostas estão corretas

7 Quando Ananias caiu morto? (5:3-5)
1. Quando ele viu Pedro
2. Quando Safira lhe disse que Pedro sabia o que eles tinham feito
3. **Depois que Pedro disse para Ananias que ele tinha mentido para Deus**
4. Quando os apóstolos perguntaram a Pedro sobre o dinheiro

8 Quanto Safira disse que eles conseguiram pela propriedade? (5:7-8)
1. Não o suficiente
2. **A mesma quantia que Ananias deu aos apóstolos**
3. Mais do que Ananias deu aos apóstolos
4. Ela não sabia o quanto eles haviam recebido pela propriedade.

9 O que aconteceu com toda a igreja quando eles ouviram o que tinha acontecido com Ananias e Safira? (5:11)
1. Uma grande paz
2. **Um grande temor**
3. Uma grande raiva
4. Um sentimento de orgulho

10 De acordo com Hebreus 13:16, o que não podemos esquecer?
1. De orar antes de dormir todas as noites
2. De dar todo o nosso dinheiro aos pobres
3. **De fazer o bem e de repartir com os outros**
4. De ler a Bíblia e ir à igreja

ESTUDO QUATRO

ATOS 6:1-15; 7:51–8:3

O Apedrejamento de Estevão e a Dispersão da Igreja

VERSÍCULO PARA MEMORIZAÇÃO

"Feliz é o homem que persevera na provação, porque depois de aprovado receberá a coroa da vida que Deus prometeu aos que o amam." (Tiago 1:12)

VERDADE BÍBLICA

Deus está conosco, mesmo em tempos de perseguição.

DICA DE ENSINO

Lembre as crianças que nós sempre devemos defender o que é certo, mesmo se estivermos sozinhos nessa defesa. Temos que depender na ajuda de Deus para ficarmos firmes contra a multidão.

Perdão e reconciliação são conceitos importantes para aprender. Entretanto, as crianças também devem saber que Deus valoriza a justiça e relacionamentos corretos. Deus nos chama para protegermos e cuidarmos das crianças que são machucadas ou sofrem abusos.

COMENTÁRIO BÍBLICO

A Igreja Primitiva encontrou muitos problemas, incluindo preconceito e perseguição. Os primeiros cristãos eram conhecidos por sua generosidade e caridade. Entretanto, um problema de distribuição injusta de alimento ameaçava dividir a igreja. Os apóstolos reconheram a necessidade para mais líderes trabalharem em áreas específicas de ministério. Estevão era um desses líderes a quem os apóstolos deram tarefas administrativas. Os apóstolos o escolheram, além de outros seis líderes. Esse homens era sábios e cheios do Espírito. Por causa da fidelidade deles, as boas novas de Jesus se espalharam rapidamente.

O ministério de Estevão não era limitado a distribuição de alimento. Ele pregava e realizava milagres, como aqueles profetizados por Joel e mencionados no sermão de Pedro no dia de Pentecoste. Como Pedro, sua pregação não era bem vinda para alguns líderes religiosos. Eles mentiam e contratavam outras pessoas para mentirem, para que Estevão fosse trazido ao seu tribunal religioso, o Sinédrio, para ser julgado. Mesmo Estevão sendo inocente e seus acusadores mentirosos, o Sinédrio o executou.

A vida e a morte de Estevão são semelhantes a outras narrativas bíblicas. A visão de Estevão de Deus é um eco na história de Moisés se encontrando com Deus no Monte Sinai (Êxodo 34:29). As acusações feitas contra Estevão são semelhantes àquelas contra Jesus. Estevão comparou seus acusadores com os israelitas rebeldes e obstinados no deserto. Assim como Jesus, a preocupação de Estêvão no momento de sua morte era o perdão para os seus assassinos. Estêvão tornou-se o primeiro mártir cristão, e ele refletiu o coração e a mente de Jesus na vida, como também na sua morte.

Depois da execução de Estêvão, começou um período de perseguição contra a Igreja. No final da história de Estêvão, o leitor de Atos é apresentado a Saulo, um personagem principal no livro. Saulo e outros oponentes do cristianismo tentaram eliminar a mensagem de Jesus Cristo perseguindo os primeiros cristãos.

Entretanto, ao invés de prejudicar a mensagem, essa perseguição dispersou os cristãos e fez com que a mensagem de Deus se espalhasse ainda mais. Os cristãos acreditavam que o Espírito Santo os ajudaria a cada dia para serem corajosos e compartilharem a mensagem de Deus em todo o lugar que fossem.

PALAVRAS DA NOSSA FÉ

blasfêmia – ato de falar inapropriadamente sobre Deus. Os líderes religiosos sempre acusavam Jesus de blasfêmia.

um profeta – alguém que Deus escolheu para receber e entregar suas mensagens.

uma sinagoga – a palavra significa "assembleia" e na Bíblia ela se refere ao local de oração dos judeus.

perseguição – abuso físico, ridicularizar ou fazer uma pessoa sofrer experiências ruins dos outros, por causa do que ela acredita.

preconceito – uma ideia pré-concebida ou tendenciosa contra os membros de um certo grupo.

perdão – ato de liberar alguém do castigo que essa pessoa merece.

ATIVIDADE

Você precisará dos seguintes itens para essa atividade:

- palitos brilhantes, pequenas lanternas ou velas

Durante o estudo, dê a cada criança um palito brilhante, uma lanterna ou uma vela. Peça para que as crianças fiquem em fila. Apague as luzes e peça para a primeira criança gerar luz (ela pode acionar um palito brilhante, ligar uma lanterna ou acender uma vela). Depois, fale para a próxima criança da fila fazer o mesmo. Continue com cada criança da fila, até fazer uma corrente de luzes. Depois, pergunte: **Como estava essa sala antes das luzes serem acesas? O que acontece à medida que mais pessoas iluminam suas luzes? Como isso ilustra o que acontece no mundo, à medida que as pessoas escutam sobre o evangelho?** Diga: **Assim como criamos uma corrente de luzes juntos, os discípulos precisavam de ajuda para cuidar dos cristãos e espalhar a luz das boas novas sobre Jesus. O que eles fizeram para receberem a ajuda que eles precisavam?**

LIÇÃO BÍBLICA

Prepare a história bíblica baseada nos versículos bíblicos dessa lição.

Uma versão fácil de ler dessa lição está impressa no fim desse livro, nas páginas 113-142.

As crianças entenderão melhor essa lição se você contar a história para elas, ao invés de ler.

Depois da história, motive as crianças a responderem as perguntas a seguir. Não há respostas certas ou erradas. Essas perguntas ajudam as crianças a entenderem as histórias e aplicá-las em suas vidas.

1. **Por que os judeus de fala grega estavam aborrecidos?** Explique a sua resposta. **Como os cristãos cuidam hoje das pessoas em necessidade?**
2. **Quando você tem uma diferença de opinião com o seu irmão ou irmã, como você consegue chegar a uma decisão justa?**
3. **Como é que a reação de Estêvão para com aqueles que o estavam apedrejando se parece com o que Jesus fez na Cruz?**
4. **Saulo começou a perseguir a igreja depois da morte de Estêvão. Os cristãos hoje são perseguidos? Você já passou por algum tipo de perseguição?**
5. **Como você acha que Deus quer que seja a nossa reação quando enfrentarmos questões de injustiça e perseguição?** Leia Miquéias 6:8.

Diga: **Acontecerão muitas coisas em nossas vidas que não conseguimos controlar. Entretanto, temos a habilidade de escolher a nossa resposta para essas coisas. Deus espera que demonstremos amor, misericórdia, justiça e que, humildemente, O obedeçamos em todo o tempo.**

VERSÍCULO PARA MEMORIZAÇÃO

Pratique o Versículo para Memorização do estudo. Você encontrará sugestões de atividades para o Versículo de Memorização nas páginas 111-112.

ATIVIDADES ADICIONAIS

1. Estêvão foi executado por causa de sua fé. Peça para os alunos pesquisarem outras pessoas que foram assassinadas por sua fé (mártires). Use uma enciclopédia ou um dicionário bíblico para encontrar essa informação.
2. Ajude os alunos a entrevistarem pessoas mais velhas em suas famílias, igrejas ou comunidades. Faça perguntas sobre pessoas que já morreram. Anote o nome da pessoa, a idade quando morreu e qualquer outra informação disponível. Pergunte sobre a fé dessa pessoa e o tipo de influência que ela teve sobre as pessoas em volta dela. Compare e contraste isso com a vida e morte de Estêvão.

PERGUNTAS PARA COMPETIÇÃO BÁSICA

Para preparar as crianças para a competição, leia Atos 6:1-15; 7:51–8:3 para elas.

1 Sobre o que os judeus de fala grega estavam queixando-se? (6:1)
1. Seus homens não tinham trabalho suficiente.
2. **Suas viúvas estavam sendo esquecidas.**
3. As duas respostas estão corretas.

2 Quem era um homem cheio de fé e do Espírito Santo? (6:5)
1. **Estêvão**
2. Nicolau
3. Filipe

3 Em oposição ao que os membros da sinagoga dos Libertos se levantaram? (6:9-10)
1. À sabedoria de Estêvão
2. Ao Espírito com que ele falava
3. **As duas respostas estão corretas.**

4 Quando o Sinédrio olhou atentamente para Estêvão, eles notaram algo sobre o seu rosto. O que foi isso? (6:15)
1. Seu rosto estava cheio de medo.
2. **Seu rosto parecia o rosto de um anjo.**
3. Seu rosto não demonstrava nenhuma emoção.

5 Como é que os membros do Sinédrio se pareciam com os seus antepassados? (7:51)
1. **Eles sempre resistiram ao Espírito Santo.**
2. Eles não davam alimento para as viúvas.
3. Eles sempre seguiam o Espírito Santo.

6 O que Estêvão viu quando ele olhou para os céus? (7:55-56)
1. Ele viu os anjos prostrados aos pés de Deus.
2. **Ele viu o Filho do homem em pé, à direita de Deus.**
3. Ele viu os apóstolos perto de Jesus.

7 Qual foi a oração de Estêvão quando ele estava sendo apedrejado? (7:59)
1. "Senhor Jesus, livra-me desse castigo."
2. "Senhor Jesus, castigue esse povo."
3. **"Senhor Jesus, recebe o meu espírito."**

8 Quem aprovou a morte de Estêvão? (8:1)
1. **Saulo**
2. Pedro
3. João

9 O que aconteceu no dia da morte de Estêvão? (8:1)
1. Muitas pessoas ficaram doentes e morreram.
2. O Espírito Santo encheu muitos cristãos.
3. **Uma grande perseguição foi desencadeada contra a igreja em Jerusalém.**

10 Depois da morte de Estêvão, o que Saulo fez? (8:3)
1. Ele começou a devastar a igreja.
2. Indo de casa em casa, arrastava homens e mulheres e os lançava na prisão.
3. **As duas respostas estão corretas.**

PERGUNTAS PARA COMPETIÇÃO AVANÇADA

Para preparar as crianças para a competição, leia Atos 6:1-15; 7:51–8:3 para elas.

1 Como é que o livro de Atos descreve Estevão? (6:5)
1. **Um homem cheio de fé e do Espírito Santo.**
2. Um homem rico, cheio de propriedades.
3. Um homem com um trabalho qualquer.
4. Todas as respostas estão corretas.

2 O que aconteceu quando os membros da sinagoga dos Libertos tentaram discutir com Estevão? (6:9-10)
1. Eles ganharam a discussão.
2. **Eles não podiam resistir à sabedoria e ao Espírito com que ele falava.**
3. Estevão ficou com raiva e discutiu com eles.
4. O Senhor acabou com eles.

3 Alguns homens foram subornados para dizerem o quê sobre Estevão? (6:11)
1. **"Ouvimos Estevão falar palavras blasfemas contra Moisés e contra Deus."**
2. "Estevão não fez nada de errado; deixe-o continuar trabalhando entre nós."
3. "Levem Estevão e suas mentiras para longe de nós."
4. "Tudo o que Estevão disse é verdade."

4 O que todos os que estavam no Sinédrio viram quando eles olharam para Estevão? (6:15)
1. Eles viram que seus olhos estavam fechados.
2. Eles o viram rir.
3. Eles viram anjos em volta dele.
4. **Eles viram que o seu rosto parecia o rosto de um anjo.**

5 O que Estevão fez quando ele estava cheio do Espírito Santo? (7:55)
1. Ele levantou os olhos para o céu.
2. Ele viu a glória de Deus.
3. Ele viu Jesus em pé, à direita de Deus.
4. **Todas as respostas estão corretas.**

6 O que as testemunhas do apedrejamento de Estevão fizeram? (7:58)
1. Elas oraram com Estevão.
2. Elas gritaram em angústia.
3. Elas torceram por aqueles que o apedrejaram.
4. **Elas deixaram seus mantos aos pés de um homem chamado Saulo.**

7 O que Estevão bradou quando ele caiu de joelhos? (7:60)
1. "Senhor, castigue-os por esse pecado contra mim."
2. "Senhor, por favor, ajude-me."
3. **"Senhor, não os consideres culpados deste pecado."**
4. "Senhor, proteja os outros cristãos."

8 Quem foi disperso pelas regiões da Judéia e de Samaria por causa da grande perseguição que desencadeou-se contra a igreja em Jerusalém? (8:1)
1. **Todos, exceto os apóstolos.**
2. Somente Filipe e Estevão.
3. Todos os judeus.
4. Ninguém.

9 O que Saulo começou a fazer depois da morte de Estevão? (8:3)
1. Devastar a igreja
2. Ir de casa em casa
3. Arrastar homens e mulheres e os lançar na prisão
4. **Todas as respostas estão corretas.**

10 Complete o versículo: "Feliz é o homem que persevera na provação, porque depois de aprovado receberá…" (Tiago 1:12)
1. "… recompensas imensuráveis e vida eterna."
2. **"…a coroa da vida que Deus prometeu aos que o amam."**
3. "… tudo o que ele desejar."
4. "… dez vezes mais do que ele sacrificou."

ESTUDO CINCO

ATOS 8:4-40

Filipe em Viagem

VERSÍCULO PARA MEMORIZAÇÃO

"A explicação das tuas palavras ilumina e dá discernimento aos inexperientes."
(Salmo 119:130)

VERDADE BÍBLICA

Deus nos ajuda a entender suas palavras para que possamos ter um relacionamento com Ele.

DICA DE ENSINO

Quando João e Pedro foram para Samaria para saudarem os cristãos, isso foi um evento histórico. Havia centenas de anos de separação, ressentimento e mágoa entre os judeus e os samaritanos. Anos de divisão foram diluídos por um espírito de unidade e comunhão quando esses homens tornaram-se irmãos em Cristo.

Nessa história, a Etiópia refere-se a um lugar diferente da Etiópia de hoje. Ela era uma combinação do que hoje é o sul do Egito e o norte do Sudão. Na Bíblia, essa área também é citada como Cuxe.

COMENTÁRIO BÍBLICO

Depois que a Igreja se dispersou, os cristãos pregavam por onde iam.

Filipe era um dos primeirs cristãos que deixaram Jerusalém por causa da perseguição. Ele foi para Samaria e progou sobre o Reino de Deus. Por causa da sua obediência, muitas pessoas creram e foram batizadas, incluindo um mágico, chamado Simão.

Por causa do trabalho fiel de Filipe, Pedro e João vieram de Jerusalém para orar pelos novos cristãos. Os apóstolos lhes impuseram as mãos e eles receberam o Espírito Santo. Quando Simão viu isso, ele quis comprar a habilidade de dar o Espírito Santo para as pessoas. Assim como Ananias e Safira, nós temos uma história de um dos primeiros cristãos cometendo um pecado e os apóstolos rapidamente corrigindo a situação.

Pedro censurou Simão, pois ele estava mais impressionado com a demonstração de poder do que preocupado com a salvação de outras pessoas. Ele queria controlar o Espírito de Deus para que ele continuasse sendo uma pessoa poderosa. Pedro disse que o coração de Simão não estava certo diante de Deus. Pedro disse que Simão precisava se arrepender de sua maldade. Simão reconhecia a autoridade de Pedro e pediu para que Pedro orasse por ele. Não fica muito claro se Pedro orou ou não, nem se Simão se arrependeu de seu pecado. Arrependimento envolve mudança de pensamento, intenções e ações: é abandonar os desejos egoístas e voltar para Deus.

Depois, o Espírito levou Filipe para falar com um eunuco etíope. De acordo com Deuteronômio 23:1, os eunucos não tinham permissão para entrar no templo. Mesmo assim, ele era um homem devoto e foi para Jerusalém adorar. Ele estava no seu caminho para casa quando ele encontrou Filipe. Filipe explicou para ele que Jesus era o Cristo. Essas notícias sobre Jesus ajudaram o etíope a entender melhor sobre a mensagem de amor de Deus. Essa revelação mudou a sua vida. Filipe batizou o etíope.

PALAVRAS DA NOSSA FÉ

um mágico – também chamado de feiticeiro, é uma pessoa que pratica magia negra ou usa encantamentos ou feitiços para ganhar poderes sobrenaturais através de espíritos malignos. Simão era um feiticeiro que se vangloriava sobre seu próprio poder ao invés do poder de Deus.

pecar — desobedecer a Deus. Pecado é colocar o seu desejo acima do desejo de Deus. O pecado pode se referir a condição espiritual de uma pessoa ou a uma ação.

um eunuco – um homem que não pode ter filhos. Os eunucos eram, geralmente, membros da corte real.

ATIVIDADE

Antes do estudo, recrute um adulto que gosta de fazer coisas engraçadas e bobas e que vai fazer as crianças rirem. Durante o estudo, motive as crianças a participarem da brincadeira: "siga o líder". O líder faz alguma coisa (pula para cima e para baixo, pula em um pé só, torce seus ouvidos, e por aí em diante). As crianças imitam o que o líder fizer. Depois de alguns segundos, o líder muda faz algo diferente e os alunos podem fazer exatamente o que o líder fizer. Brinque disso o máximo que der.

Diga: **O estudo bíblico de hoje é sobre Filipe. Saulo buscava cristãos para prendê-los. Ele ia de casa em casa para encontrá-los. Como não era mais seguro ficar em Jerusalém, os cristãos se dispersaram em muitas direções diferentes. Quando Filipe deixou Jerusalém, ele estava seguindo o seu líder– Deus. O Espírito de Deus levou Filipe para Samaria e para o deserto. No estudo de hoje aprenderemos mais sobre o que Filipe fez ao seguir o seu líder.**

LIÇÃO BÍBLICA

Prepare a história bíblica baseada nos versículos bíblicos dessa lição.

Uma versão fácil de ler dessa lição está impressa no fim desse livro, nas páginas 113-142.

As crianças entenderão melhor essa lição se você contar a história para elas, ao invés de ler.

Depois da história, motive as crianças a responderem as perguntas a seguir. Não há respostas certas ou erradas. Essas perguntas ajudam as crianças a entenderem as histórias e aplicá-las em suas vidas.

1. **A perseguição dos cristãos fez com que eles se dispersassem para muitas regiões diferentes. Como é que isso acabou sendo uma boa coisa?**
2. **Por que foi um grande evento quando os apóstolos enviaram Pedro e João para Samaria?**
3. **Você já viu relacionamentos quebrados que foram curados e unidos pelo poder do Espírito Santo? Compartilhem uns com os outros essas histórias.**

4. **Filipe obedeceu a Deus. Quão importante para você é obedecer ao Senhor? Explique a sua resposta.**
5. **O etíope pediu para ser batizado. Você já se batizou? Você acha que é importante ser batizado? Por quê?**

Diga: **Deus é capaz de fazer milagres quando as pessoas obedecem a Deus com coragem. O Espírito Santo nos ajudará a escolher obedecer a Deus acima do nosso próprio orgulho e egoísmo.**

VERSÍCULO PARA MEMORIZAÇÃO

Pratique o Versículo para Memorização do estudo. Você encontrará sugestões de atividades para o Versículo de Memorização nas páginas 111-112.

ATIVIDADES ADICIONAIS

Escolha alguma dessas opções para incrementar o estudo bíblico das crianças.

1. Faça um teste de versículo bíblico usando a passagem para o estudo bíblico de hoje. Escreva frases da passagem, mas deixe de fora a palavra mais importante. Distribua o teste para as crianças e peça que elas o façam. Exemplo: Indo Filipe para uma cidade de _____ (8:5).

2. Filipe e o etíope eram diferentes de muitas maneiras. Eles tinham características físicas bem diferentes. Eles eram de países e culturas diferentes. Escolha uma outra cultura que lhe interesse. Faça um relatório sobre o que você aprendeu. Quais seriam algumas diferenças interessantes? Quais seriam algumas coisas que a sua cultura tem em comum com a outra cultura? Quando aprendemos sobre outras pessoas, fica mais fácil compartilhar o amor de Deus com elas. Lembre: Deus convida todos para aceitarem a sua salvação. Compartilhe o que você descobriu com as crianças.

PERGUNTAS PARA COMPETIÇÃO BÁSICA

Para preparar as crianças para a competição, leia Atos 8:4-40 para elas.

1 O que Filipe fez em Samaria? (8:5)
1. Ele trabalhou para a cidade.
2. **Ele anunciou o Cristo.**
3. Ele fez magias.

2 Quem praticava feitiçaria na cidade de Samaria? (8:9)
1. **Simão**
2. Filipe
3. Saulo

3 Por que as pessoas seguiam Simão, o mágico? (8:9-11)
1. Porque ele podia curá-los.
2. **Pois ele os havia iludido com sua mágica durante muito tempo.**
3. Porque ele lhes deu muito dinheiro

4 O que aconteceu quando Pedro e João impuseram suas mãos sobre os novos cristãos em Samaria? (8:17)
1. **Eles receberam o Espírito Santo**
2. Eles ouviram o som de um vento violento
3. Nada

5 O que Simão fez quando ele viu que o Espírito era dado através da imposição de mãos? (8:18)
1. Ele se ofereceu para ser um discípulo de Pedro e João.
2. **Ele ofereceu dinheiro para Pedro e João.**
3. Ele fez imposição de mãos sobre Pedro e João.

6 O que Pedro disse para Simão, o mágico, fazer depois que ele tentou pagar para receber o Espírito Santo? (8:20-22)
1. "Arrependa-se dessa maldade."
2. "Ore ao Senhor."
3. **As duas respostas estão corretas.**

7 O que o etíope estava fazendo quando Filipe o encontrou? (8:28)
1. Dormindo
2. **Lendo o livro de Isaías**
3. Pedindo esmolas

8 Quem disse para Filipe ir até a carruagem do etíope e o acompanhar? (8:29)
1. Um anjo do Senhor
2. **O Espírito**
3. Pedro

9 Quem batizou o etíope? (8:38)
1. João
2. Simão
3. **Filipe**

10 O que o etíope fez depois de ser batizado? (8:39)
1. **Ele seguiu o seu caminho com alegria.**
2. Ele partiu com tristeza.
3. As duas respostas estão corretas.

PERGUNTAS PARA COMPETIÇÃO AVANÇADA

Para preparar as crianças para a competição, leia Atos 8:4-40 para elas.

1 O quê os que haviam sido dispersos fizeram por onde eles iam? (8:4)
1. **Eles pregavam a Palavra.**
2. Eles se esconderam em suas casas.
3. Eles oraram para que Deus destruísse os seus inimigos.
4. Todas as respostas estão corretas.

2 Por que as pessoas seguiam Simão? (8:11)
1. **Pois ele os havia iludido com sua mágica durante muito tempo.**
2. Ele lhes pagava para que o seguissem.
3. Ele pregava sobre Cristo.
4. Todas as respostas estão corretas.

3 O que os homens e as mulheres fizeram quando eles acreditaram em Filipe e na sua pregação? (8:12)
1. Eles apedrejaram Simão.
2. Eles deram todo o seu dinheiro aos pobres.
3. Eles dedicaram os seus filhos para Deus.
4. **Eles foram batizados.**

4 O que Simão queria que os apóstolos lhe dessem? (8:18-19)
1. **A habilidade para que cada um que ele impusesse as mãos recebesse o Espírito Santo.**
2. A habilidade de pregar como os apóstolos.
3. Os segredo dos apóstolos.
4. O Espírito Santo.

5 O que Pedro disse a Simão quando ele tentou comprar o dom de Deus com dinheiro? (8:20-23)
1. "Você não tem parte nem direito algum neste ministério."
2. "O seu coração não é reto diante de Deus."
3. "Arrependa-se dessa maldade e ore ao Senhor."
4. **Todas as respostas estão corretas.**

6 Por que o etíope eunuco foi para Jerusalém? (8:27)
1. Para assinar acordos entre seu país e Jerusalém
2. Para visitar Candace, a rainha dos etíopes
3. Para comprar comida e roupas
4. **Para adorar**

7 O que o etíope estava lendo quando Filipe o encontrou? (8:28)
1. O livro de Apocalipse
2. **O livro de Isaías**
3. Relatórios da tesouraria
4. O livro de Jeremias

8 O que Filipe disse para o etíope quanto ele perguntou sobre a pessoa mencionada no livro de Isaías? (8:34-35)
1. **Filipe anunciou as boas novas de Jesus.**
2. Filipe contou sobre o apedrejamento de Estevão.
3. Filipe disse que ele também não entendia o que o profeta quis dizer.
4. Filipe disse ao etíope que ele tinha que se batizar.

9 Onde Filipe apareceu depois de batizar o etíope? (8:40)
1. **Em Azoto**
2. Em Samaria
3. Na Etiópia
4. Em Jerusalém

10 De acordo com o Salmo 119:130, o que ilumina e dá discernimento aos inexperientes? (Salmo 119:130)
1. O sol
2. A imagem de Jesus
3. **A explicação da Palavra de Deus**
4. A lua e as estrelas

ESTUDO SEIS

ATOS 9:1-31

Saulo Transformado

VERSÍCULO PARA MEMORIZAÇÃO

"Portanto, se alguém está em Cristo, é nova criação. As coisas antigas já passaram; eis que surgiram coisas novas!"
(2 Coríntios 5:17)

VERDADE BÍBLICA

Deus transforma quem nós somos e como vivemos.

DICA DE ENSINO

Damasco era uma cidade à beira do deserto. Era um centro de troca comercial bem agitado, cerca de 225 quilômetros de Jerusalém. A viagem durava aproximadamente uma semana e meia à pé, o que era a forma normal de viagem.

Atos 8:18 e 9:17 fazem referência a "imposição de mãos". Essa era uma prática bíblica comum e a igreja ainda faz isso nos dias de hoje. Quando impomos as mãos sobre alguém, estamos representando o Espírito de Deus na forma de um toque físico.

COMENTÁRIO BÍBLICO

A história da transformação de Saulo é uma das histórias de conversão mais dramáticas de Atos. Esse tipo de experiência não acontece com todo mundo, mas a história nos lembra que Deus alcança as pessoas através de uma multidão de métodos.

A conversão de Saulo aconteceu depois de seu encontro pessoal com o Cristo ressurreto. Depois de sua conversão, Saulo tornou-se parte da mesma comunidade de cristãos que ele perseguia. Ananias e a maioria dos cristãos em Damasco sabiam sobre Saulo e tinham medo dele. Entretanto, o Senhor usou Ananias para curar Saulo e recebê-lo bem na comunidade de cristãos. Barnabé encorajou os outros discípulos a aceitarem Saulo e ele tornou-se um amigo e apoiador do ministério de Saulo.

Devido ao antigo estilo de vida de Saulo, Deus pôde usá-lo de maneira única para compartilhar o evangelho com os judeus e, depois, compartilhar com os gentios.

Saulo sofreu perseguição, porque ele se recusou a ceder à pressão dos adversários de Cristo. Aqueles que não reconheceram Jesus como Senhor e Cristo também resistiram ao testemunho de Saulo. É comum para seguidores fiéis de Jesus experimentarem oposição, já que as pessoas que buscam posições de poder geralmente descartam Jesus e Sua mensagem.

Mesmo Paulo tendo tido uma experiência de salvação dramática, ele não parou de crescer como discípulo de Cristo. Seu crescimento continuou por toda a sua vida. A cada dia ele aprendia mais sobre quem Deus queria que ele fosse. Ao aprender mais sobre Jesus com os outros cristãos, seu zelo para proclamar a fé para todas as pessoas cresceu. Anteriormente, ele levou medo e morte para as pessoas, mas depois que ele encontrou Jesus, ele proclamou esperança e vida.

Como cristãos, Deus nos pede para fazermos muitas das mesmas tarefas que aqueles primeiros cristãos faziam. Ananias e Barnabé nos ensinam a encorajarmos uns aos outros, apesar de nossos medos. Com Saulo, nós aprendemos a proclamar esperança e luz para aqueles que vivem com medo e trevas. Como muitos dos primeiros cristãos, a maioria que nem chega a ser mencionada em Atos, aprendemos que o nosso trabalho é sermos testemunhas fiéis do contínuo agir de Cristo.

PALAVRAS DA NOSSA FÉ

fé – confiança em Deus que leva as pessoas a acreditarem no que Deus disse, a obedecerem e a dependerem dEle. Fé é a confiança em ação.

Saulo – também conhecido como Saulo de Tarso, era um cidadão romano que dedicou o início de sua vida para perseguir os cristãos. Ele converteu-se ao cristianismo e tornou-se um grande líder da Igreja Primitiva. Depois de sua conversão, ele foi chamado de Paulo.

os gentios – qualquer pessoa que não é judia.

A Igreja – as pessoas que conhecem e que amam a Deus e Seu Filho Jesus. A Igreja é formada por todos os cristãos, de todos os lugares. A "Igreja Primitiva" é o termo que refere-se aos primeiros cristãos e contemporâneos de Paulo.

o Caminho – a fé cristã. No início, a palavra "cristão" não era usada para descrever aqueles que acreditavam em Jesus. No lugar dela, os primeiros cristãos usavam a frase "seguidores do Caminho" para se descreverem. Em João 14:6, Jesus se descreve como "o Caminho".

ATIVIDADE

Você precisará dos seguintes itens para essa atividade:
- Folhas de papel (uma para cada criança)
- Caneta ou lápis

Antes da aula, escreva as palavras de 2 Coríntios 5:17 em um pedaço de papel. Prepare material suficiente para cada criança. Diga: **Deus tem o poder de mudar a vida de uma pessoa. No estudo de hoje, aprendemos sobre um homem que mudou completamente. Aqui temos um versículo bíblico que nos conta sobre essa mudança.**

Leia 2 Coríntios 5:17. Discuta o significado de quaisquer palavras ou frases que forem desconhecidas pelas crianças.

Ajude as crianças a formarem grupos de dois para que possam se ajudar na memorização do versículo. Instrua as crianças a alternarem na leitura de cada palavra do versículo. Se a primeira criança ler a primeira palavra, a outra criança lê a segunda. A primeira criança, então, lê a terceira e a outra criança lê a quarta. Continue assim até que as crianças tenham dito o versículo todo sem olhar para o papel.

Diga: **No estudo de hoje, Saulo mudou suas ideias e crenças sobre Jesus. Você pode pegar o papel com o versículo, levar para casa e ensinar o versículo para outra pessoa.**

LIÇÃO BÍBLICA

Prepare a história bíblica baseada nos versículos bíblicos dessa lição.

Uma versão fácil de ler dessa lição está impressa no fim desse livro, nas páginas 113-142.

As crianças entenderão melhor essa lição se você contar a história para elas, ao invés de ler.

Depois da história, motive as crianças a responderem as perguntas a seguir. Não há respostas certas ou erradas. Essas perguntas ajudam as crianças a entenderem as histórias e aplicá-las em suas vidas.

1. **Por que Saulo odiava tanto os seguidores de Jesus?**
2. **Por que será que a conversão de Saulo foi tão importante?**
3. **Se você fosse Ananias, como você teria se sentido quando o Senhor te dissesse para falar com Saulo?**
4. **Barnabé aceitou Saulo como alguém que Deus havia sido transformado. Como você aceita as pessoas que foram mudadas pelo Senhor? Você está disposto a deixar de lado sentimentos antigos e ajudar um novo cristão?**
5. **Quando Saulo chegou em Damasco, Ananias estava orando. Você acha que isso ajudou Ananias a entender o que Deus estava pedindo dele? Por quê?**

Diga: **Deus sempre trabalha de formas que não esperamos. Devemos deixar de lado nossas próprias ideias e confiar nEle. A oração é importante exatamente por essa razão. Orar não é somente falar com Deus, mas é também ouvir. Deus sempre revela a Sua vontade para nós quando oramos e buscamos a Sua direção.**

VERSÍCULO PARA MEMORIZAÇÃO

Pratique o Versículo para Memorização do estudo. Você encontrará sugestões de atividades para o Versículo de Memorização nas páginas 111-112.

ATIVIDADES ADICIONAIS

Escolha uma dessas opções para incrementar o estudo bíblico das crianças.

1. Converse sobre as formas pelas quais Deus se comunicou com Saulo e Ananias (luz, voz, visão, outro cristão, e por aí vai). Escreva cada um desses métodos em um pedaço de papel separado. Forneça uma folha de papel grande, além de lápis, canetas e giz de cera. Peça para um voluntário selecionar um dos papéis. Depois, peça para ele desenhar algo para representar aquele método de comunicação. Ajude-os se for necessário. Por exemplo, se o papel tiver "voz" escrito nele, a criança pode desenhar uma boca. Deixe as crianças adivinharem que forma de comunicação a outra criança desenhou. Coloque na parede da sala o novo cartaz juntamente com o versículo bíblico.

Diga: **Deus usou algumas formas incomuns para falar com Saulo e Ananias. Deus ainda se comunica conosco hoje. Ele quer ouvir você.**

2. Diga: **Deus ainda se comunica com as pessoas hoje.** Peça para as crianças falarem das maneiras pelas quais Deus pode se comunicar com elas. Faça uma lista desses métodos em uma lousa ou em uma grande folha de papel. Inclua métodos como

oração, música, poemas, canções, versículos bíblicos, lições bíblicas, sermões, testemunhos, amigos, outros cristãos, membros da família e livros. Diga: **Deus nos ama e mostra como Ele se preocupa com as coisas que passamos. Ele sabe quando estamos desanimados ou necessitando de ajuda. Se você quiser ouvir a Deus, lembre da lista que fizemos. Imagine todas as formas únicas que Deus pode usar para se comunicar com você. Esteja pronto para ouví-Lo!**

PERGUNTAS PARA COMPETIÇÃO BÁSICA

Para preparar as crianças para a competição, leia Atos 9:1-31 para elas.

1 Quem respirava ameaças de morte contra os discípulos do Senhor? (9:1)
1. Filipe
2. **Saulo**
3. Pedro

2 Quem disse: "Saulo, Saulo, porque você me persegue?" (9:4-5)
1. Estevão
2. Pedro e João
3. **Jesus**

3 O que aconteceu quando Saulo levantou-se do chão? (9:8)
1. Ele fugiu.
2. **Ele não conseguia ver nada.**
3. Ele procurou a voz que falou com ele.

4 Em Damasco, quem o Senhor chamou numa visão? (9:10)
1. O etíope
2. João
3. **Ananias**

5 O que o Senhor disse para Ananias fazer em Damasco? (9:11)
1. "Vá à casa de Judas, na rua chamada Direita."
2. "Pergunte por um homem de Tarso, chamado Saulo."
3. **As duas respostas estão corretas.**

6 O que aconteceu quando Ananias pôs as mãos sobre Saulo? (9:17-18)
1. A visão de Saulo foi restaurada e ele saiu correndo.
2. **Algo como escamas caiu dos olhos de Saulo e ele passou a ver novamente.**
3. Saulo prendeu Ananias e o arrastou para a prisão.

7 O que aconteceu depois que Saulo passou a ver novamente? (9:18-19)
1. Ele foi batizado.
2. Ele comeu.
3. **As duas respostas estão corretas.**

8 Quando Saulo começou a pregar nas sinagogas em Damasco que Jesus é o Filho de Deus? (9:20)
1. Depois de uma semana
2. Depois de receber treinamento suficiente
3. **Logo**

9 Quem confundiu os judeus que viviam em Damasco, demonstrando que Jesus é o Cristo? (9:22)
1. **Saulo**
2. Ananias
3. Pedro

10 Quem levou Saulo aos apóstolos lhes disse sobre Saulo? (9:27)
1. Pedro
2. **Barnabé**
3. Ananias

PERGUNTAS PARA COMPETIÇÃO AVANÇADA

Para preparar as crianças para a competição, leia Atos 9:1-31 para elas.

1 Contra quem Saulo estava respirando ameaças de morte? (9:1)
1. **Contra os discípulos do Senhor**
2. Contra o sumo sacerdote
3. Somente contra os doze discípulos
4. Todas as respostas estão corretas.

2 Por que Saulo queria cartas para as sinagogas em Damasco? (9:1-2)
1. Para que ele pudesse lhes dizer sobre o novo sumo sacerdote
2. **Porque, caso encontrasse alguém que pertencesse ao Caminho, ele pudesse levá-los presos**
3. Para que ele pudesse lhes dizer que estavam errados
4. Porque ele precisava de permissão para pregar ali

3 O que aconteceu quando Saulo se aproximou de Damasco? (9:3-4)
1. De repente brilhou ao seu redor uma luz vinda do céu.
2. Ele caiu por terra.
3. Ele ouviu uma voz que lhe dizia: "Saulo, Saulo, por que você me persegue?"
4. **Todas as respostas estão corretas.**

4 O Senhor disse que Saulo era o seu instrumento escolhido. O que Saulo faria? (9:15)
1. Ele levaria os judeus para a terra prometida.
2. **Ele levaria o nome do Senhor perante os gentios e seus reis, e perante o povo de Israel.**
3. Ele perseguiria os judeus e os gentios.
4. Ele puniria todos os que atrapalhassem a vida dos discípulos.

5 Por que os discípulos de Saulo o levaram de noite e o fizeram descer num cesto, através de uma abertura na muralha? (9:23-25)
1. Porque os portões estavam trancados
2. **Porque os judeus estavam planejando matá-lo**
3. Porque seus discípulos tinham vergonha dele
4. Porque Saulo ainda estava cego

6 Quem tinha medo de Saulo quando ele chegou a Jerusalém? (9:26)
1. Os judeus e os gentios
2. Seus amigos e família
3. **Os discípulos**
4. Barnabé e João

7 O que Barnabé contou aos apóstolos sobre Saulo? (9:27)
1. Como Saulo, no caminho para Damasco, viu o Senhor
2. Como o Senhor falou com Saulo
3. Como em Damasco Saulo havia pregado corajosamente em nome de Jesus
4. **Todas as respostas estão corretas.**

8 O que aconteceu quando os irmãos souberam que os judeus de fala grega tentaram matar Saulo? (9:29-30)
1. **Eles o levaram para Cesareia e o enviaram para Tarso.**
2. Eles prenderam os judeus de fala grega.
3. Eles protegeram Saulo com armas e lanças.
4. Eles desonraram Saulo.

9 O que aconteceu com a igreja em toda a Judeia, Galileia e Samaria? (9:31)
1. Ela passava por um período de paz.
2. Ela se edificava.
3. Ela era encorajada pelo Espírito Santo e crescia em número.
4. **Todas as respostas estão corretas.**

10 Complete o versículo: "Portanto, se alguém está em Cristo, é nova criação. As coisas antigas já passaram; ..." (2 Coríntios 5:17)
1. "... para serem totalmente esquecidas!"
2. **"...eis que surgiram coisas novas!"**
3. "... e foram lavadas tão brancas como a neve!"
4. "... a vida eterna é sua!"

ESTUDO SETE

ATOS 10:1-23

Comer ou Não Comer

VERSÍCULO PARA MEMORIZAÇÃO

"Não se amoldem ao padrão deste mundo, mas transformem-se pela renovação da sua mente, para que sejam capazes de experimentar e comprovar a boa, agradável e perfeita vontade de Deus." (Romanos 12:2)

VERDADE BÍBLICA

Deus pode mudar a forma como pensamos.

DICA DE ENSINO

Jope é uma cidade no litoral mediterrâneo, cerca de 56 quilômetros de Jerusalém.

COMENTÁRIO BÍBLICO

Deus, às vezes, usa visões para revelar Sua vontade e propósito. Duas visões acontecem nessa história.

Cornélio era um soldado gentio que vivia em Cesareia. Atos o descreve e descreve a sua família como "piedosos e tementes a Deus" (10:2) Cornélio era um homem com autoridade cuja devoção a Deus era demonstrada em atos de generosidade e orações fiéis.

Os primeiros cristãos oravam três vezes por dia (às nove horas da manhã, ao meio-dia e às três horas da tarde). Então, não é de surpreender que Cornélio estivesse orando. Durante a sua oração, ele viu um anjo de Deus lhe dizer para buscar Pedro. A história não nos conta se Cornélio teve alguma dúvida em relação a esse pedido, mas ele devia saber que os judeus não podiam entrar na casa de um gentio. Mesmo assim, Cornélio obedeceu a Deus fielmente.

Na próxima parte da história, Pedro também teve uma visão. Quando estava em Jope, ele viu um lençol descendo a terra com toda espécie de animais—animais impuros e puros. Baseado na lei judaica, Pedro sabia que ele não podia comer nada que fosse impuro. Entretanto, nessa visão, Deus falou com Pedro e lhe disse: "Não chame impuro ao que Deus purificou" (10:15). Pedro não entendeu o que a visão queria dizer, mas ele iria descobrir em breve.

Os homens que Cornélio enviou chegaram. Por causa da visão, Pedro fez duas coisas que a lei judaica não permitia: ele convidou os homens para entrar e os hospedou. No dia seguinte, ele partiu com eles para a casa de Cornélio. Deus estava quebrando barreiras culturais que separavam os judeus e os gentios.

O Espírito Santo trabalhou simultaneamente nas vidas de Cornélio e Pedro para espalhar a mensagem de Deus para um novo povo. Por causa da obediência e da receptividade desses homens a essas novas ideias, muitas pessoas creram em Deus.

PALAVRAS DA NOSSA FÉ

justo –- estar em um relacionamento correto com Deus e obedecê-Lo por causa desse relacionamento. Ser justo é ser como Cristo nos pensamentos, palavras e ações.

a lei de Moisés – era a lei judaica, encontrada nos primeiros livros da Bíblia, começando com os 10 mandamentos e chegando até Deuteronômio.

ATIVIDADE

Você precisará dos seguintes itens para essa atividade:
- Folhas de papel (uma para cada criança)
- Caneta ou lápis
- Um lençol, um pedaço grande de tecido ou uma folha grande de papel
- Papel para fazer um pequeno cartaz

Antes da aula, escreva a palavra "judeu" ou "gentio" nas folhas de papel. Tenha uma folha para cada criança. Se possível, tenha um número igual de cada palavra. Em uma folha, escreva "Cornélio". Coloque uma folha, um pedaço grande de tecido ou um pedaço grande de papel no chão. Escreva as palavras "Reino de Deus" em um papel. Coloque esse papel no meio do tecido.

Diga: **Os judeus eram pessoas que acreditavam em Deus e seguiam a lei judaica. O povo judeu se considerava povo de Deus e parte do Reino de Deus. Quem não era judeu era gentio.**

Distribua os papéis para as crianças. Aponte para cada tecido e cartaz.

Diga: **Todos que têm a palavra "judeu" fiquem em cima desse tecido.**

Na época do Novo Testamento, havia gentios que conheciam a Deus, seguiam suas leis e oravam diariamente. Cornélio era um desses. Peça para a pessoa que está com o papel de Cornélio pisar no tecido.

Diga: **No estudo de hoje, aprendemos como Deus trabalhou através de Cornélio para ajudar Pedro a aprender uma lição importante.**

Segurem seus papéis. No final do estudo nós aprendemos como os gentios viraram parte do Reino de Deus. Então, todos vocês podem se unir ao "Reino de Deus" no tecido.

LIÇÃO BÍBLICA

Prepare a história bíblica baseada nos versículos bíblicos dessa lição.

Uma versão fácil de ler dessa lição está impressa no fim desse livro, nas páginas 113-142.

As crianças entenderão melhor essa lição se você contar a história para elas, ao invés de ler.

Depois da história, motive as crianças a responderem as perguntas a seguir. Não há respostas certas ou erradas. Essas perguntas ajudam as crianças a entenderem as histórias e aplicá-las em suas vidas.

1. Por que será que o anjo disse para Cornélio chamar Pedro para a sua casa?
2. Por que Pedro ficou preocupado quando a voz lhe disse para matar e comer os animais que ele viu no lençol?
3. Como seria o mundo se todas as pessoas fossem iguais? Se tudo fosse da

mesma cor e do mesmo formato? **Ou se só tivesse um tipo de comida para comer? Por que será que Deus criou essa variedade de pessoas?**
4. **Como você trata as pessoas que são diferentes de você? Como você acha que Deus quer que você trate as pessoas diferentes de você?**

Diga: **Às vezes tentamos fazer com que os outros sejam como nós. Mas esse não é um bom alvo. Podemos amar e valorizar uma pessoa, porque as pessoas são criadas por Deus. Um alvo melhor para nós é querer ser como Cristo. Cristãos podem ser muito diferentes em aparência e cultura. Mas esses mesmos cristãos também podem achar atitudes e ações familiares quando são guiados pelo Espírito Santo.**

VERSÍCULO PARA MEMORIZAÇÃO

Pratique o Versículo para Memorização do estudo. Você encontrará sugestões de atividades para o Versículo de Memorização nas páginas 111-112.

ATIVIDADES ADICIONAIS

Escolha alguma dessas opções para incrementar o estudo bíblico das crianças.
1. Diga: **Em toda cultura, as pessoas encontram maneiras de se comunicar com gestos. Quais seriam alguns gestos educados que usamos para nos comunicar?** Converse sobre os gestos usados para comunicar as seguintes ideias: dizer oi, dizer adeus, algo que cheira mal, sente, levante, venha aqui e "eu te amo".
Diga: **No estudo de hoje aprendemos que as pessoas podem mudar de ideia ou da maneira de pensar. Deus pode nos ajudar a mudar os nossos pensamentos. Aqui vai um gesto para nos ajudar a lembrar disso.** Aponte para cima, como para Deus, depois bata o seu primeiro dedo na sua testa. Deixe as crianças praticarem isso. Diga: **Deus ajudou Pedro a mudar completamente suas ideias sobre quem pode tornar-se um seguidor de Jesus.**
2. Forneça papéis e giz de cera para as crianças desenharem uma figura dos seus sonhos noturnos. Peça que voluntários compartilhem isso brevemente. Pergunte: **Como a visão de Pedro mudou a vida dele e o trabalho dele para Deus? Como a visão de Pedro mudou a sua vida e o seu relacionamento com Deus?**

PERGUNTAS PARA COMPETIÇÃO BÁSICA

Para preparar as crianças para a competição, leia Atos 10:1-23 para elas.

1 Como é que o livro de Atos descreve Cornélio e sua família? (10:2)
1. **Piedosos e tementes a Deus**
2. Coletores de impostos e pecadores
3. Pessoas normais, comuns

2 Quem apareceu para Cornélio em sua visão? (10:3)
1. O Senhor
2. Uma figura indescritível
3. **Um anjo de Deus**

3 Por volta de que horas Pedro subiu ao terraço para orar? (10:9)
1. **Meio-dia**
2. Meia-noite
3. As duas respostas estão corretas.

4 O que Pedro viu quando ele estava orando? (10:11-12)
1. **Ele viu o céu aberto e algo semelhante a um grande lençol que descia à terra, preso pelas quatro pontas.**
2. Ele viu os homens de Cornélio se aproximando da cidade.
3. Ele viu um anjo aparecer na frente dele.

5 O que havia no grande lençol? (10:12)
1. Toda espécie de quadrúpedes
2. Répteis da terra e aves do céu
3. **As duas respostas estão corretas.**

6 Pedro disse que ele jamais havia comido algo impuro ou imundo. O que a voz lhe falou depois disso, pela segunda vez? (10:14-15)
1. **"Não chame impuro ao que Deus purificou."**
2. "Você está certo, Pedro, não coma esses animais."
3. "O Senhor fez com que esses animais fossem puros o suficientes para serem comidos."

7 Quantas vezes Pedro teve a visão do grande lençol? (10:16)
1. Uma vez
2. **Três vezes**
3. Dez vezes

8 O que Pedro perguntou aos homens que Cornélio enviou? (10:21)
1. "O que vocês querem comer?"
2. **"Por que motivo vieram?"**
3. "Onde vocês passarão a noite?"

9 Quem Pedro convidou para entrar e ficar em sua casa? (10:19, 23)
1. Cornélio
2. **Os três homens**
3. As duas respostas estão corretas.

10 O que Pedro fez no dia seguinte a sua visão? (10:23)
1. **Ele partiu com os homens de Cornélio.**
2. Ele foi para Jerusalém.
3. Ele foi para a sinagoga orar.

PERGUNTAS PARA COMPETIÇÃO AVANÇADA

Para preparar as crianças para a competição, leia Atos 10:1-23 para elas.

1 Como é que o livro de Atos descreve Cornélio? (10:1-2)
1. Ele era piedoso e temente a Deus.
2. Dava muitas esmolas ao povo.
3. Ele orava continuamente.
4. **Todas as respostas estão corretas.**

2 Como é que Cornélio reagiu diante do anjo de Deus? (10:3-4)
1. Ele caiu de joelhos.
2. **Ele ficou atemorizado.**
3. Ele o recebeu bem em sua casa.
4. Todas as respostas estão corretas.

3 O que aconteceu enquanto Pedro orava? (10:9-11)
1. Ele teve fome.
2. Ele caiu em êxtase.
3. Ele viu o céu aberto e algo semelhante a um grande lençol que descia à terra, preso pelas quatro pontas.
4. **Todas as respostas estão corretas.**

4 O que a voz disse para Pedro quando ele viu o lençol que continha os diferentes animais? (10:12-13)
1. **"Levante-se Pedro; mate e coma."**
2. "Compartilhe esses animais com aqueles que estão vindo te ver."
3. "Sacrifique esses animais no templo."
4. "Esses animais são puros o suficiente para você comer."

5 O que Pedro disse que ele jamais havia comido? (10:14)
1. Animal de qualquer tipo
2. Qualquer tipo de fruta ou legume
3. **Algo impuro ou imundo**
4. Algo com gordura

6 O que a voz falou a Pedro depois que ele disse que jamais havia comido algo impuro ou imundo? (10:14-15)
1. **"Não chame impuro ao que Deus purificou."**
2. "Você está certo, Pedro, não coma esses animais."
3. "O Senhor fez com que esses animais fossem puros o suficientes para serem comidos."
4. Todas as respostas estão corretas.

7 O que o Espírito disse a Pedro quando ele ainda estava pensando na visão? (10:19-20)
1. "Três homens estão procurando por você."
2. "Levante-se e desça."
3. "Não hesite em ir com eles, pois eu os enviei."
4. **Todas as respostas estão corretas.**

8 Quem disse: "Eu sou quem vocês estão procurando. Por que motivo vieram?" (10:21)
1. Simão, o curtidor
2. Um homem enviado por Cornélio
3. **Pedro**
4. Cornélio

9 Por que o anjo disse para Cornélio chamar Pedro em sua casa? (10:22)
1. **Para que Cornélio pudesse ouvir o que Pedro tinha a dizer**
2. Para que Pedro pudesse preparar animais impuros para Cornélio
3. Para que Cornélio pudesse ganhar mais respeito do povo judeu
4. Todas as respostas estão corretas.

10 No dia seguinte, quem foi com Pedro e os três homens? (10:23)
1. Simão, o curtidor, e três homens
2. **Alguns irmãos de Jope**
3. Toda a família de Pedro
4. Todas as respostas estão corretas.

ESTUDO OITO

ATOS 10:24-28, 34-48; 11:19-26

Deus Não Trata com Parcialidade

VERSÍCULO PARA MEMORIZAÇÃO

"E, abrindo Pedro a boca, disse: 'Reconheço por verdade que Deus não faz acepção de pessoas; Mas que lhe é agradável aquele que, em qualquer nação, o teme e faz o que é justo.'"
(Atos 10:34-35)

VERDADE BÍBLICA

A salvação de Deus está disponível a todos.

DICA DE ENSINO

De acordo com a lei judaica, animais impuros têm unhas fendidas. Os porcos são considerados impuros e não devem ser comidos. Ovelhas e vacas são consideradas animais puros e podem ser comidos.

Converse com a sua turma sobre coisas diferentes que outras culturas comem, mas a sua não, ou coisas que a sua cultura come, mas que outra cultura pode considerar não comestível. Lembre as crianças que Deus ama a todos.

COMENTÁRIO BÍBLICO

A visão de Pedro dos animais puros e impuros era muito misteriosa. Ele confiou em Deus e foi na casa de Cornélio. Mais uma vez, Pedro teve a oportunidade de pregar para uma grande multidão. Esse sermão foi diferente do que ele pregou no dia de Pentecoste. Ele não foi repleto de escrituras judaicas. Ao invés disso, Pedro falou sobre quem Jesus era e como ele aceitava a todos os que o aceitam (10:34).

Isso era algo novo, porque o povo judeu acreditava com fervor que eles não eram como as outras pessoas. Eles acreditavam que Deus os favorecia mais do que todas as outras pessoas no mundo. Pedro, um judeu devoto, mas também um cristão devoto, pregou uma nova mensagem: Deus não trata as pessoas com parcialidade. O Espírito de Deus interrompeu Pedro. Os gentios receberam o Espírito Santo assim como os judeus cristãos no Pentecoste. Então, eles foram batizados por Pedro.

Por causa da visão que Deus lhe deu, Pedro começou a entender a salvação de Deus através de Cristo para todas as pessoas. Pedro escreveu sobre isso em suas próprias cartas, 1 e 2 Pedro. Deus revelou a Sua vontade para Pedro e Pedro foi corajoso o suficiente para aceitar o que ele ouviu e contar aos outros sobre isso.

Deus tinha uma missão de expansão contínua para realizar. Ela começou em Jerusalém, mas Deus queria espalhar as boas novas sobre Jesus até os confins da terra. Através do poder do Espírito Santo, Deus ajudou Pedro a entender essa missão. Os gentios, que antes eram "de fora", agora são convidados para compartilhar das bênçãos de Israel.

A missão para os gentios continuou quando Barnabé visitou a igreja em Antioquia. Barnabé convidou Saulo para se unir a ele no ensinamento desses novos cristãos sobre o que significava seguir a Jesus. Eles ficaram em Antioquia por um ano e os crentes foram chamados de cristãos pela primeira vez ali.

PALAVRAS DA NOSSA FÉ

um cristão – uma pessoa que renuncia o pecado, aceita a Jesus Cristo como Salvador e Senhor e O obedece. Essa experiência também é chamada de "nascer de novo."

ATIVIDADE

Você precisará dos seguintes itens para essa atividade:
- 10-12 Folhas de papel em duas cores (se você não tiver papel colorido, então coloque um asterisco atrás de uma parte dos papéis.)
- Caneta ou lápis

Antes da aula, divida as palavras de Atos 10:34-35 em pequenas frases. Escreva uma frase em uma folha de papel. Faça dois blocos de papéis: um bloco de cada cor. Esconda os papéis aleatoriamente pela sala.

Na sala, divida as crianças em duas equipes. Diga: **O versículo para memorização de hoje é Atos 10:34-35**. Leia o versículo e diga as equipes as palavras do versículo que estão nas folhas escondidas pela sala. Instrua as equipes a procurarem na sala, mas elas só podem pegar o papel da cor da própria equipe. Então, quando elas encontrarem todas as partes, elas devem organizar as frases na ordem correta. Diga para cada equipe dizer as palavras dos versículos três vezes.

Diga: **Esses versículos nos ensinam uma importante lição que Pedro precisava aprender. Eles mudaram as ideias de Pedro sobre quem deve tornar-se seguidor de Jesus. Até esse momento, os discípulos pregaram somente para os judeus. Agora os discípulos levarão o evangelho para os gentios.**

LIÇÃO BÍBLICA

Prepare a história bíblica baseada nos versículos bíblicos dessa lição.

Uma versão fácil de ler dessa lição está impressa no fim desse livro, nas páginas 113-142.

As crianças entenderão melhor essa lição se você contar a história para elas, ao invés de ler.

Depois da história, motive as crianças a responderem as perguntas a seguir. Não há respostas certas ou erradas. Essas perguntas ajudam as crianças a entenderem as histórias e aplicá-las em suas vidas.

1. **Por que foi incomum a visita de Pedro, um judeu, na casa de Cornélio? Deus já lhe pediu para fazer algo incomum?**
2. **Quais são os principais pontos da mensagem de Pedro para a família e amigos de Cornélio?**
3. **Compare o que aconteceu com os gentios nessa história (10:44-46) e o que aconteceu com os judeus no dia de Pentecoste (2:1-4). Por que os cristãos judeus que estavam com Pedro ficaram tão impressionados quando o Espírito Santo foi derramado sobre os gentios?**

4. **Que tipo de homem era Barnabé? Você conhece alguém hoje que seja como Barnabé?**

Diga: **Em Antioquia, Barnabé e Saulo continuaram a se encontrar com as pessoas para ensiná-las. Foi ali que os crentes foram chamados de cristãos pela primeira vez. As pessoas reconheceram que esse grupo era diferente em relação aos outros, porque eles seguiam a Cristo. Dedique um tempo para pensar sobre a sua identidade. As pessoas devem conseguir nos reconhecer como seguidores de Cristo da mesma forma que elas identificaram aqueles primeiros cristãos.**

VERSÍCULO PARA MEMORIZAÇÃO

Pratique o Versículo para Memorização do estudo. Você encontrará sugestões de atividades para o Versículo de Memorização nas páginas 111-112.

ATIVIDADES ADICIONAIS

Escolha uma dessas opções para incrementar o estudo bíblico das crianças.

1. Conduza uma entrevista com Pedro. Peça para um adulto representar Pedro e responder às perguntas sobre as atividades de Pedro no estudo bíblico. Deixe as crianças serem repórteres que fazem perguntas a Pedro sobre suas atividades e pensamentos. Se possível, ofereça uma lista de perguntas para os adultos antes da aula. Dê as perguntas para as crianças usarem durante a aula. Se houver tempo suficiente, deixe que as crianças façam suas próprias perguntas.

   Diga: **Pedro aprendeu uma lição importante sobre Deus. Que lição foi essa?** (Que a salvação de Deus está disponível para todos.)

2. Convide pessoas para contarem como elas se tornaram cristãs. Se possível, convide algumas pessoas que não cresceram em um lar cristão. Se na sua comunidade tiver pessoas de culturas ou nações diferentes, chame pessoas desses diferentes grupos para testemunharem. Mostre como Deus recebe a todos em Seu Reino.

PERGUNTAS PARA COMPETIÇÃO BÁSICA

Para preparar as crianças para a competição, leia Atos 10:24-28, 34-48; 11:19-26 para elas.

1 O que Cornélio fez quando Pedro entrou em sua casa? (10:25)
1. Ele ofereceu a Pedro algo para comer.
2. **Ele prostrou-se aos pés de Pedro e o adorou.**
3. Ele abraçou Pedro.

2 O que Deus mostrou a Pedro? (10:28)
1. **Que ele não deveria chamar impuro ou imundo homem nenhum**
2. As informações sobre como chegar na casa de Cornélio
3. Tudo o que ele precisava saber

3 Quem não trata as pessoas com parcialidade, mas de todas as nações aceita todo aquele que O teme e que faz o que é justo? (10:34-35)
1. João
2. Paulo
3. **Deus**

4 Com o que Deus ungiu Jesus? (10:38)
1. Com óleo e água
2. **Com o Espírito Santo e poder**
3. As duas respostas estão corretas

5 O que aconteceu com Cornélio, seus parentes e amigos, quando Pedro estava falando com eles? (10:44)
1. Jesus apareceu.
2. **O Espírito Santo desceu sobre eles.**
3. As duas respostas estão corretas.

6 O que Pedro ouviu quando o dom do Espírito Santo foi dado aos gentios que estavam na casa de Cornélio? (10:46)
1. O som de um trovão
2. A voz de Deus
3. **Os gentios falando em línguas e exaltando a Deus**

7 Em nome de quem os gentios foram batizados? (10:48)
1. **Em nome de Jesus Cristo**
2. Em nome do sumo sacerdote
3. Em nome de Cornélio

8 O que Barnabé animou as pessoas em Antioquia a fazerem? (11:23)
1. Deixarem seus maus caminhos
2. **Permanecerem fiéis ao Senhor de todo o coração**
3. Pregarem somente aos judeus

9 Por que Barnabé foi a Tarso? (11:25)
1. Para falar às pessoas as boas novas de Jesus
2. Para tirar férias
3. **Para procurar Saulo**

10 De que os discípulos foram chamados em Antioquia? (11:26)
1. Seguidores
2. **Cristãos**
3. Pessoas de Jesus

PERGUNTAS PARA COMPETIÇÃO AVANÇADA

Para preparar as crianças para a competição, leia Atos 10:24-28, 34-48; 11:19-26 para elas.

1. O que aconteceu quando Pedro entrou na casa de Cornélio? (10:25-26)
1. Cornélio dirigiu-se a Pedro.
2. Cornélio prostrou-se aos pés de Pedro e o adorou.
3. Pedro disse: "Levante-se, eu sou homem como você."
4. **Todas as respostas estão corretas.**

2. O que Pedro disse a Cornélio sobre Jesus e sobre Deus? (10:40, 43)
1. Deus ressuscitou Jesus dentre os mortos e fez que ele fosse visto.
2. Todos os profetas dão testemunho de Jesus.
3. Todo o que crê nEle recebe perdão dos pecados mediante o seu nome.
4. **Todas as respostas estão corretas.**

3. Depois que Jesus ressuscitou dos mortos, quem O viu? (10:41)
1. Todas as pessoas
2. **Testemunhas que Deus designou**
3. Todos os judeus
4. Somente a família de Jesus

4. O que Jesus, depois que Ele ressuscitou dos mortos, mandou aqueles que comeram e beberam com ele fazerem? (10:41-42)
1. **Mandou pregar e testemunhar sobre Ele**
2. Mandou curar e expulsar demônios
3. Mandou rasgar as vestes e lamentar
4. Mandou celebrar e dançar

5. Quem receberá perdão dos pecados em nome de Jesus? (10:43)
1. Somente os judeus
2. Todos os gentios
3. **Todos os que crerem nEle**
4. Somente aqueles que comeram e beberam com Ele depois que Ele ressuscitou dos mortos

6. O que aconteceu quando Pedro estava falando com Cornélio? (10:44)
1. Os judeus ficaram com raiva e foram embora.
2. Os céus se abriram e uma pomba desceu sobre o ombro de Pedro.
3. Caiu uma grande tempestade e todos ficaram molhados.
4. **O Espírito Santo desceu sobre todos os que ouviram a mensagem.**

7. Por que os judeus convertidos que estavam com Pedro ficaram admirados? (10:45-46)
1. **Porque o dom do Espírito Santo foi derramado até sobre os gentios**
2. Porque os gentios não conseguiam falar
3. Porque os gentios foram curados de suas doenças
4. Todas as respostas estão corretas.

8. Como é que o livro de Atos descreve Barnabé? (11:24)
1. Um velho homem com uma grande família
2. **Um homem bom, cheio do Espírito Santo e fé**
3. Um homem egoísta e ciumento
4. Todas as respostas estão corretas.

9. O que Barnabé fez quando ele encontrou Saulo em Tarso? (11:25-26)
1. Ele lhe disse tudo o que havia visto e ouvido.
2. Ele implorou para ficar com ele em Tarso.
3. **Ele o levou para Antioquia para se encontrarem com a igreja e ensinarem a muitos.**
4. Ele o enviou novamente para Jerusalém para pregar aos gentios.

10. Onde os discípulos foram chamados de cristãos pela primeira vez? (11:26)
1. Samaria
2. Tarso
3. Jerusalém
4. **Antioquia**

ESTUDO NOVE

ATOS 12:1-19; 13:1-12

Pedro Escapa da Prisão

Versículo para Memorização

"A oração de um justo é poderosa e eficaz."
(Tiago 5:16*b*)

Verdade Bíblica

Deus responde à oração.

Dica de Ensino

Ao liderar o estudo bíblico, seja sensível para ajudar as crianças a entenderem a execução de mártires. As crianças podem ficar com raiva, perturbadas ou com medo dessa verdade. Enfatize que Deus está sempre conosco independente do que acontecer conosco.

COMENTÁRIO BÍBLICO

Tiago 5:16 diz: "A oração de um justo é poderosa e eficaz." Por todo o livro de Atos vemos quão verdadeira é essa declaração. É especialmente evidente nas duas histórias de hoje ao vermos os resultados das orações dos cristãos.

Primeiro, Deus ouviu a oração dos cristãos e resgatou Pedro de forma surpreendente da prisão. A libertação miraculosa de Pedro veio na hora certa, já que ele seria julgado no dia seguinte. Com fé, a igreja acreditou e confiou no poder de Deus. Entretanto, mesmo se Pedro fosse assassinado (como Estevão foi), suas orações não teriam sido ineficazes ou sem importância. Deus é honrado quando as pessoas demonstram fé em circunstâncias difíceis. Veja Hebreus 11 para mais exemplos disso.

A segunda história é encontrada no capítulo 13. A igreja em Antioquia estava reunida para adorar e jejuar. Durante esse tempo, os cristãos discerniram o chamado do Espírito para que Barnabé e Saulo fossem separados para pregarem o evangelho a outras nações. Depois da igreja ter recebido essa direção, eles oraram por Saulo e Barnabé e depois os enviaram para começarem sua nova missão. A frase "impuseram-lhe as mãos" (13:3) mostra que eles foram apoiados pela igreja para serem seus representantes.

Como cristãos chamados por Deus para fazermos o Seu trabalho, precisamos das orações e do apoio de outros cristãos para sermos eficazes. Pedro, Saulo e Barnabé tinham esse apoio. Quando oramos, demonstramos confiança no poder de Deus, mesmo quando

Deus mostra poder de uma forma que não entendemos.

PALAVRAS DA NOSSA FÉ

a páscoa judaica – festa judaica anual que celebra a libertação que Deus deu aos israelitas no Egito. Veja Números 9:4-5 para mais informações.

executar – matar, especialmente como uma penalidade legal.

jejuar – abster-se de algo, geralmente comida ou certos tipos de comida, como um tipo de disciplina espiritual. Os cristãos usam momentos de jejum para orar e focar em Deus.

oração – uma conversa com Deus que inclui tanto falar quanto ouvir. Podemos orar em qualquer momento, em qualquer lugar, sobre qualquer coisa.

ATIVIDADE

Você precisará dos seguintes itens para essa atividade:
- Tirinhas de papel (8 por criança; aproximadamente no tamanho de 20 x 3cm)
- Fita adesiva ou um grampeador

Antes da aula, faça um modelo de corrente de papel, que servirá de algemas. Faça o primeiro elo com um círculo e feche-o com a fita adesiva ou com o grampeador. Coloque outra tira de papel nesse círculo, fazendo outro círculo e prenda-o. Continue assim até você ter uma corrente de oito elos. Os elos devem ter um diâmetro largo o suficiente para que a maioria das crianças possam colocar suas mãos dentro do primeiro e do último elo.

Na aula, mostre para as crianças a sua corrente. Ajude-as a fazerem suas próprias correntes. Deixe as crianças usarem suas correntes em seus punhos enquanto vocês estudam a passagem bíblica de hoje. Quando as algemas de Pedro caírem na história, diga para as crianças deixarem cair suas algemas também.

Diga: **No estudo de hoje, Pedro está na cadeia. Ele está usando algemas. Os soldados estavam ali para ele não escapar. Somente Deus poderia salvar a vida de Pedro.**

LIÇÃO BÍBLICA

Prepare a história bíblica baseada nos versículos bíblicos dessa lição.

Uma versão fácil de ler dessa lição está impressa no fim desse livro, nas páginas 113-142.

As crianças entenderão melhor essa lição se você contar a história para elas, ao invés de ler.

Depois da história, motive as crianças a responderem as perguntas a seguir. Não há respostas certas ou erradas. Essas perguntas ajudam as crianças a entenderem as histórias e aplicá-las em suas vidas.

1. **Como é que você acha que Pedro se sentiu quando o anjo o acordou?**
2. **Como você acha que você teria se sentido se você estivesse na reunião de oração na casa de Maria quando Pedro chegou?**
3. **Por que a igreja em Antioquia enviou Barnabé e Saulo para uma obra especial? Como é que Deus ainda envia pessoas hoje?**
4. **Deus ainda realiza milagres maravilhosos hoje? Explique a sua resposta.**

Diga: **Deus quer ter comunhão conosco. Ele espera nos encontrar e quer que falemos com Ele. Podemos ter a certeza de que Ele nos ouvirá quando orarmos e que Ele responderá as nossas orações.** Dedique um tempo para orar junto com as crianças, em voz alta. Dê a cada criança a oportunidade de orar, se elas quiserem. Ore por cada criança, falando o nome de uma por uma.

VERSÍCULO PARA MEMORIZAÇÃO

Pratique o Versículo para Memorização do estudo. Você encontrará sugestões de atividades para o Versículo de Memorização nas páginas 111-112

ATIVIDADES ADICIONAIS

Escolha alguma dessas opções para incrementar o estudo bíblico das crianças.

1. Fale com os alunos sobre o que significa jejuar. Use um dicionário bíblico para lhe ajudar a entender o que é jejuar. Converse com as crianças sobre o que você descobriu. Então diga: **No estudo de hoje, os cristãos oraram e jejuaram. Durante esse tempo, o Espírito Santo lhes disse para enviarem Paulo e Barnabé para uma obra especial. Quando jejuamos, sempre deixamos de comer? Quais são outros sacrifícios que podemos fazer para que Deus saiba que realmente queremos ouví-Lo?** Deixe os alunos fazerem uma lista na lousa ou em um pedaço de papel grande (exemplos: tempo, dinheiro, TV, jogos, atividade favorita, etc.).
Diga: **Quando oramos e jejuamos, estamos parando de fazer algo que geralmente fazemos para dar a nossa atenção durante aquele tempo para Deus**.

2. Convide uma ou duas pessoas para falarem com as crianças sobre as maneiras pelas quais Deus tem respondido as orações deles. Ajude os alunos a entenderem que Deus escuta cada oração. As crianças não devem ficar desanimadas se Deus não responder a oração imediatamente. Deus pode nos responder "sim", "não" ou "espere". Entretanto, às vezes Deus pode responder de forma inesperada! Esteja pronto para ouvir as respostas de Deus quando elas chegarem.

PERGUNTAS PARA COMPETIÇÃO BÁSICA

Para preparar as crianças para a competição, leia Atos 12:1-19; 13:1-12 para elas.

1 Quem o Rei Herodes mandou matar à espada? (12:2)
1. **Tiago, irmão de João**
2. Barnabé
3. Pedro

2 Como é que a igreja orou por Pedro quando ele estava na prisão? (12:5)
1. Lentamente
2. **Intensamente**
3. Uma vez por semana

3 Quem apareceu repentinamente na cela com Pedro? (12:7)
1. **Um anjo do Senhor**
2. O Rei Herodes
3. Os outros cristãos

4 O que Pedro achou que estava acontecendo quando ele seguiu o anjo para sair da prisão? (12:9)
1. Ele achou que estava sendo sequestrado.
2. Ele achou que era seu amigo fingindo ser um anjo.
3. **Ele achou que era uma visão.**

5 O que muita gente estava fazendo na casa de Maria, mãe de João? (12:12)
1. Preocupando-se com Pedro
2. **Orando**
3. Adorando a Deus

6 Quem chegou para atender a porta quando Pedro bateu? (12:13)
1. Maria, a mãe de João
2. Um dos apóstolos
3. **Uma serva chamada Rode**

7 Como é que as pessoas ficaram quando elas abriram a porta e viram que era Pedro? (12:16)
1. Elas ficaram com medo.
2. **Elas ficaram perplexas.**
3. As duas respostas estão corretas.

8 Quem é que o Espírito Santo disse para separar para Ele? (13:2)
1. Barnabé
2. Saulo
3. **As duas respostas estão corretas.**

9 Quem era Barjesus? (13:6-7)
1. Um judeu que praticava magia e era falso profeta
2. Um assessor de Sérgio Paulo
3. **As duas respostas estão corretas.**

10 O que aconteceu com Elimas, o mágico, quando ele opôs-se a Barnabé e Saulo? (13:6-11)
1. **Ele ficou cego.**
2. Um anjo o matou imediatamente.
3. Ele foi preso.

PERGUNTAS PARA COMPETIÇÃO AVANÇADA

Para preparar as crianças para a competição, leia Atos 12:1-19; 13:1-12 para elas.

1 O que é que o Rei Herodes fez quando ele viu que a morte de Tiago agradou aos judeus? (12:2-3)
1. Ele matou também o irmão de Tiago, João.
2. Ele matou muitos outros.
3. **Ele prendeu Pedro.**
4. Herodes creu e foi batizado.

2 Como é que Pedro foi guardado na prisão? (12:4)
1. **Por quatro escoltas de quatro soldados cada uma**
2. Por dois soldados do lado de fora da cela
3. Por um esquadrão completo de soldados
4. Pelo próprio Rei Herodes

3 O que aconteceu enquanto Pedro estava dormindo entre dois soldados, preso com duas algemas? (12:6-7)
1. Repentinamente apareceu um anjo do Senhor.
2. Uma luz brilhou na cela.
3. As algemas caíram dos punhos de Pedro.
4. **Todas as respostas estão corretas.**

4 O que aconteceu quando o anjo e Pedro chegaram ao portão de ferro que dava para a cidade? (12:10)
1. **Este se abriu.**
2. O anjo deixou Pedro.
3. Os guardas prenderam Pedro.
4. Pedro percebeu que ele não estava sonhando.

5 Quem é que as pessoas que estavam na casa de Maria pensaram que estava na porta? (12:15)
1. Pedro
2. Um anjo do Senhor
3. Um guarda procurando Pedro
4. **O anjo de Pedro**

6 O que pedro fez quando as pessoas abriram a porta e lhe viram? (12:16-17)
1. Ele fez um sinal com a mão para que se calassem.
2. Ele descreveu como o Senhor o havia tirado da prisão.
3. Ele disse para contarem a Tiago e aos outros irmãos sobre a sua libertação.
4. **Todas as respostas estão corretas.**

7 O que aconteceu enquanto os profetas e os mestres da igreja em Antioquia adoravam e jejuavam? (13:1-2)
1. Eles ouviram as notícias de Pedro.
2. **O Espírito Santo disse: "Separem-me Barnabé e Saulo."**
3. Eles ficaram cheios de dor pela morte de Tiago.
4. Todas as respostas estão corretas.

8 Quem desceu em Selêucia e dali foi para Chipre? (13:4)
1. **Barnabé e Saulo**
2. Pedro e João
3. Os apóstolos
4. Todos os profetas e mestres

9 O que Barnabé e Saulo fizeram quando eles chegaram em Salamina? (13:5)
1. Eles pregaram para os gentios.
2. Eles batizaram tanto judeus quanto gentios da mesma forma.
3. **Eles proclamaram a Palavra de Deus nas sinagogas judaicas.**
4. Eles curaram pessoas e expulsaram demônios.

10 Em qual história o nome de Saulo muda para Paulo? (13:9)
1. Na história sobre o apedrejamento de Estevão
2. Na história sobre a conversão de Saulo
3. Na história sobre o Pentecoste
4. **Na história sobre Sérgio Paulo e Barjesus**

ESTUDO DEZ

ATOS 14:26-28; 15:1-12, 22-41

O Concílio de Jerusalém

VERSÍCULO PARA MEMORIZAÇÃO

"Sejam completamente humildes e dóceis, e sejam pacientes, suportando uns aos outros com amor. Façam todo o esforço para conservar a unidade do Espírito pelo vínculo da paz." (Efésios 4:2-3)

VERDADE BÍBLICA

Deus quer que Seu povo se respeite, mesmo quando discordam.

DICA DE ENSINO

Paulo foi missionário e autor da Igreja Primitiva. Ele escreveu 13 cartas que somam praticamente um quarto do Novo Testamento. Ele escreveu algumas de suas cartas da prisão romana.

Se as crianças perguntarem o que é circuncisão, você pode dizer: **Circuncisão tinha um significado religioso especial na Bíblia. No Antigo Testamento era sinal da aliança entre Deus e Abraão. É por isso que alguns judeus do Novo Testamento pensavam que todos do sexo masculino deveriam ser circuncidados para serem salvos. Paulo tentou ajudar as pessoas a entenderem que isso era permitido, mas não necessário.**

COMENTÁRIO BÍBLICO

Algumas das leis judaicas mencionadas em Atos são difíceis para nós entendermos, porque a nossa cultura é diferente. Os novos cristãos em Antioquia não vinham de um contexto judaico. Então, acontecia um pouco de confusão sobre as partes da lei judaica que todos os cristãos deveriam respeitar, independente do seu contexto. A carta que a igreja de Jerusalém enviou respondia às suas questões, mas ela levanta algumas questões para nós hoje.

- **Por que essas quatro leis eram tão importantes?**

Essas leis refutavam práticas pagãs comuns em Antioquia, associadas com politeísmo (adoração de muitos deuses). Os novos cristãos eram encorajados a acreditarem exclusivamente em Jesus. Ao evitarem essas práticas, os novos cristãos testemunhavam aos outros sobre a mudança interna que Cristo estava fazendo neles. Essas leis também ajudavam manter a paz entre os judeus convertidos e os gentios convertidos.

- **Eles precisavam obedecer as leis (os Dez Mandamentos, o Sermão da Montanha, etc.)?**

Sim. Os gentios ainda precisavam viver de acordo com os princípios morais dados na Lei e nos Dez Mandamentos. Inicialmente, Deus escreveu a Lei em tábuas de pedra. Os profetas mostraram que Deus também escreveu a Lei nos corações tanto dos judeus quanto dos gentios (Jeremias 31:33). Jesus trouxe uma nova luz para a Lei quando ele criou uma nova aliança baseada na transformação interna. Isso nos ensina que, quando escolhemos obedecer a Deus com sinceridade, Deus muda primeiro as nossas intenções, depois as nossas ações. Embora não estejamos presos às mesmas leis do Antigo Testamento, os nossos corações devem ser transformados pelos princípios morais por trás dessas leis.

No Sermão da Montanha, Jesus ensinou os seus seguidores a obedecerem a Deus de coração inteiro, não somente guardando as leis. Os cristãos convertidos em Antioquia precisavam seguir estes princípios. Eles também nos ajudam a entender o que significa seguir os mandamentos de Deus, não porque somos obrigados, mas porque amamos a Deus.

Essa lição também trata da discussão entre Paulo e Barnabé. Às vezes, os cristãos podem discordar. Apesar disso, eles devem tentar encontrar soluções de paz. Os cristãos nunca devem deixar que desentendimentos interfiram na expansão do evangelho.

PALAVRAS DA NOSSA FÉ

um pagão – alguém que não acredita em Deus. Alguns pagãos adoram muitos deuses. Outros não adoram nenhum deus.

Sermão do Monte – é a passagem bíblica em Mateus de 5-7. É o maior registro dos ensinamentos de Jesus na Bíblia. Nesse sermão, Jesus descreve como os cristãos devem viver em relação a Deus e aos outros.

ATIVIDADE

Você precisará dos seguintes itens para essa atividade:
• Papel para cada aluno
• Lápis para cada aluno

Antes da aula, prepare uma lista de cinco categorias de itens que as crianças amam (por exemplo: comida, jogos, livros, animais e lugares).

Na aula, distribua os papéis e os lápis. Peça para as crianças escreverem seus itens favoritos em cada categoria. Depois, selecione dois voluntários. Peça para que cada voluntário diga qual é o item favorito na primeira categoria e também por que esse item é o seu favorito.

Diga: **Cada um de vocês acha que seu item é o melhor. Será que a outra pessoa consegue convencer você de que você está errado e de que ele(a) está certo(a)? Se não, você consegue concordar em discordar sobre esse assunto e ainda serem amigos? Se a resposta for sim,** diga: **"Concordamos em discordar e ainda sermos amigos."**

Deixe que esses voluntários retornem aos seus lugares e peça por outros dois voluntários. Continue com isso até que todos tenham lido suas respostas. Motive os voluntários a dizerem: "Concordamos em discordar e ainda sermos amigos."

Diga: **No estudo de hoje, aprendemos que Paulo e Barnabé discordaram. Veremos que eles resolveram seu desentendimento.**

LIÇÃO BÍBLICA

Prepare a história bíblica baseada nos versículos bíblicos dessa lição.

Uma versão fácil de ler dessa lição está impressa no fim desse livro, nas páginas 113-142.

As crianças entenderão melhor essa lição se você contar a história para elas, ao invés de ler.

Depois da história, motive as crianças a responderem as perguntas a seguir. Não há respostas certas ou erradas. Essas perguntas ajudam as crianças a entenderem as histórias e aplicá-las em suas vidas.

1. **Quando Barnabé e Paulo voltaram de Antioquia, eles relataram o que Deus havia feito através deles. Hoje chamamos isso de prestação de contas. Você presta contas a alguém?**
2. **Alguns dos cristãos discordaram sobre o que os novos convertidos deveriam fazer. Quando os cristãos discordam hoje, o que eles devem fazer?**
3. **Como Deus mostrou que ele aceitava os gentios convertidos?**
4. **Você precisa de encorajamento às vezes? Quem te encoraja? Quem você encoraja?**

Diga: **Deus nos deu mentes para usarmos e pensarmos. Às vezes as pessoas pensam de maneira diferente sobre alguma coisa. Isso é parte do que faz com que as pessoas sejam únicas. Deus nos dá a graça de discordarmos de maneira respeitosa. Em todas as circunstâncias, temos que lembrar de buscar a vontade de Deus para nós, ao invés de nossa própria vontade.**

VERSÍCULO PARA MEMORIZAÇÃO

Pratique o Versículo para Memorização do estudo. Você encontrará sugestões de atividades para o Versículo de Memorização nas páginas 111-112.

ATIVIDADES ADICIONAIS

Escolha alguma dessas opções para incrementar o estudo bíblico das crianças.

1. Diga: **No estudo bíblico de hoje, o Concílio de Jerusalém enviou uma carta de encorajamento para os gentios convertidos. Hoje, os cristãos ainda precisam de encorajamento para viverem cada dia.** Fale sobre algumas pessoas de sua igreja que talvez precisem de encorajamento. Forneça papel e materiais de arte para as crianças. Peça que elas escrevam um bilhete de encorajamento, para escreverem e ilustrarem um versículo bíblico ou para desenharem uma figura para alegrar o dia dessas pessoas. Depois da aula, trabalhe com o pastor para entregar esse projeto para aqueles que precisarem de encorajamento.
2. Ajude a classe a fazer uma lista de momentos nos quais as crianças discordam. Quais dessas ações podem causar problema para a criança? Alguma dessas ações agradam a Deus? Leia Efésios 4:2-3. Como é que Deus quer que as crianças resolvam os seus desentendimentos?

Deixe um tempo de oração para as crianças falarem com Deus sobre situações que elas passam. Motive as crianças a pedirem que Deus as ajude a resolver seus desentendimentos de forma cristã.

PERGUNTAS PARA COMPETIÇÃO BÁSICA

Para preparar as crianças para a competição, leia Atos 14:26-28; 15:1-12, 22-41 para elas.

1 Por quanto tempo Paulo e Barnabé ficaram em Atioquia com os discípulos? (14:28)
1. Por um mês
2. Por alguns anos
3. **Por muito tempo**

2 Quem foi designado pela igreja para ir a Jerusalém, para ver os apóstolos e os presbíteros? (15:2-3)
1. **Paulo e Barnabé**
2. Dez homens da Judeia
3. Os gentios

3 Como é que os irmãos se sentiram quando ouviram as notícias de como os gentios tinham se convertido? (15:3)
1. Eles ficaram com muita raiva.
2. **Eles se alegraram muito.**
3. Eles ficaram com medo.

4 O que alguns cristãos que também eram do partido dos fariseus disseram que os gentios tinham que fazer? (15:5)
1. Ser circuncidados
2. Obedecer a Lei de Moisés
3. **As duas respostas estão corretas.**

5 Como é que Deus mostrou que Ele aceitava os gentios? (15:8)
1. Colocando uma marca em suas cabeças.
2. Amaldiçoando o gado dos judeus.
3. **Dando-lhes o Espírito Santo**

6 Através do que Pedro disse que somos salvos? (15:11)
1. Pela Lei de Moisés e dos profetas
2. **Pela graça de nosso Senhor Jesus**
3. As duas respostas estão corretas.

7 Quem ficou em silêncio ao ouvir Barnabé e Paulo contando sobre os milagres e maravilhas que Deus fez entre os gentios? (15:12)
1. Ninguém
2. **Toda a assembleia**
3. Somente os apóstolos

8 Os apóstolos e presbíteros decidiram escolher alguns dentre eles e enviá-los a Antioquia com Paulo e Barnabé. Quem eles escolheram? (15:22)
1. **Judas e Silas**
2. Pedro e João
3. Maria e Marta

9 O que Judas e Silas falaram em Antioquia? (15:32)
1. Eles falaram bem pouco.
2. **Eles falaram muitas palavras para encorajar e fortalecer os irmãos.**
3. Eles disseram exatamente o que a carta disse.

10 O que Paulo e Silas fizeram na Síria e Cilícia? (15:40-41)
1. **Fortaleceram as igrejas.**
2. Eles construíram novas igrejas.
3. As duas respostas estão corretas.

PERGUNTAS PARA COMPETIÇÃO AVANÇADA

Para preparar as crianças para a competição, leia Atos 14:26-28; 15:1-12, 22-41 para elas.

1. Para quem Deus abriu a porta da fé? (14:26-27)
1. Para os judeus
2. Para Paulo e Barnabé
3. **Para os gentios**
4. Para os apóstolos

2. Alguns homens ensinavam que uma pessoa precisava ser circuncidada para ser salva. Por que eles acreditavam nisso? (15:1)
1. **Porque isso era conforme o costume ensinado por Moisés**
2. Porque isso era conforme o costume dos gentios
3. Porque isso era conforme Jesus ensinou
4. Porque isso era conforme o costume de Antioquia

3. Que lei os fariseus disseram que os gentios tinham que obedecer? (15:5)
1. A Lei dos gentios
2. A Lei de Pedro
3. **A Lei de Moisés**
4. A Lei da Terra

4. Como é que Deus mostrou que havia aceitado os gentios? (15:8)
1. Libertando-os da prisão
2. Através do poder dado a Pedro
3. **Dando-lhes o Espírito Santo, assim como ele fez com os judeus**
4. Dando-lhes uma visão

5. Como é que a carta aos gentios convertidos em Antioquia, Síria e Cilícia descrevia Barnabé e Paulo? (15:26)
1. Homens que estavam cansados e precisando de um lugar para descansar
2. Homens que fariam qualquer coisa por seus amigos judeus
3. Homens que precisavam aprender a Lei de Moisés
4. **Homens que arriscavam suas vidas pelo nome de nosso Senhor Jesus Cristo**

6. Por que os apóstolos e os presbíteros enviaram Judas e Silas a Antioquia? (15:27)
1. Para verem o que estava acontecendo com os gentios
2. Para pedirem dinheiro a eles
3. **Para confirmarem verbalmente o que eles estavam escrevendo**
4. Para perseguirem os gentios

7. Do que a carta disse que os gentios deveriam se abster? (15:29)
1. De comida sacrificada aos ídolos e do sangue
2. Da carne de animais estrangulados
3. De imoralidade sexual
4. **Todas as respostas estão corretas**

8. Por que Paulo não achou que era prudente levar João, também chamado Marcos, com eles? (15:37-38)
1. Porque ele era gentio
2. Porque ele estava doente e não podia viajar
3. Porque ele tinha uma família que dependia dele
4. **Pois ele os havia abandonado na Panfília**

9. O que aconteceu por causa do desentendimento sério de Paulo e Barnabé? (15:39)
1. Eles se desculparam e se perdoaram.
2. **Eles se separaram.**
3. Eles pararam de pregar e ensinar.
4. Eles tiraram férias.

10. O que Paulo fez quando ele viajou pela Síria e Cilícia? (15:41)
1. **Ele fortaleceu as igrejas.**
2. Ele decidiu viajar primeiro por terra e depois por mar.
3. Ele pediu que Barnabé e Marcos se unissem a ele.
4. Todas as respostas estão corretas.

VERSÍCULO PARA MEMORIZAÇÃO

"Pedro respondeu: 'Arrependam-se, e cada um de vocês seja batizado em nome de Jesus Cristo, para perdão dos seus pecados, e receberão o dom do Espírito Santo.'" (Atos 2:38)

VERDADE BÍBLICA

Deus nos dá a oportunidade de aceitarmos o Seu presente da salvação.

DICA DE ENSINO

Se um prisioneiro escapasse de uma prisão romana, o guarda ou os guardas daquela pessoa eram assassinados no lugar do prisioneiro. É por isso que o carcereiro em Filipos ia tirar a própria vida.

ESTUDO ONZE

ATOS 16:6-40

O Testemunho de Paulo em Filipos

COMENTÁRIO BÍBLICO

Na lição de hoje lemos sobre três pessoas que foram influenciadas para o bem pelo evangelho em Filipos: Lídia, uma menina que predizia o futuro e um carcereiro.

Em Filipos, Paulo encontrou algumas mulheres a beira do rio. Lídia, uma dessas mulheres, era uma vendedora bem sucedida de tecido de púrpura. O tecido de púrpura era comumente vendido para pessoas ricas ou associadas à nobreza. Socialmente, Lídia era um sucesso, mas as suas necessidades espirituais só eram satisfeitas através de Cristo. A conversão e a hospitalidade de Lídia estabeleceram sua casa como a base para missões contínuas em Filipos.

Havia uma escrava com um espírito que predizia o futuro. Em nome de Jesus, Paulo ordenou que o espírito demoníaco saísse dela. O exorcismo prejudicou seus donos, pois já não conseguiam mais lucrar com as adivinhações dela, então Paulo e Silas foram açoitados e lançados na prisão. Essa foi uma das muitas vezes que Paulo sofreria por causa de sua fé em Jesus, como predito em Atos 9:16.

Na prisão, Silas e Paulo cantaram hinos e oraram a Deus, enquanto os outros prisioneiros ouviram. Eles adoraram, mesmo no meio de seu sofrimento. Assim como Paulo e Silas, podemos ajudar as pessoas a verem que Deus está trabalhando em nossas vidas, independente de nossas circunstâncias. Quando louvamos a Deus no meio da adversidade, isso é um grande testemunho do poder do Espírito Santo.

Um terremoto ofereceu a oportunidade para escapar. Entretanto, para Paulo e Silas, ele ofereceu outra oportunidade para compartilhar o evangelho. Eles não somente salvaram a vida do carcereiro, mas eles apontaram a ele a vida eterna em Jesus.

Paulo fielmente seguiu a direção do Espírito, mesmo que ele tenha levado Paulo para direções inesperadas. Paulo obedeceu a Deus indo para a Macedônia ao invés da Frígia e da Galácia. Quando buscava um lugar de oração, Paulo testemunhou a Lídia. Enquanto se preparava para um dia de ministério, Paulo libertou uma jovem possessa. Isso o levou para a prisão. Quando estava na prisão, ele testemunhou para outros prisioneiros, como também para o carcereiro. Através de todos esses eventos inesperados, Paulo exalava confiança e fé no Espírito Santo. Seria sábio seguir o exemplo de Paulo, proclamando a mensagem de Jesus, sem importar as circunstâncias, onde quer que estivermos.

ATIVIDADE

Você precisará dos seguintes itens para essa atividade:
- Itens para preparar um caminho de obstáculos
- Cachecol ou outro item para cobrir os olhos

Antes da aula, organize um percurso com obstáculos—um caminho com itens para uma criança passar por volta ou pular para chegar no fim. Se possível, faça esse percurso em outra sala, para que as crianças que participarem não vejam os obstáculos antes de começarem essa atividade. Você pode usar caixas de papelão, sacos com papéis velhos ou qualquer outra coisa que você tiver. (Pense em questões de segurança quando você tiver preparando esse percurso.) Use um cachecol ou uma pequena toalha para cobrir os olhos.

Na aula, selecione um voluntário para andar pelo caminho com obstáculos. Leve o voluntário e outras crianças para o percurso.

Diga: **No nosso estudo de hoje, Paulo queria ir para Bitínia, mas o Espírito Santo o impediu. Depois de uma visão de Deus, Paulo decidiu ir para a Macedônia. Hoje, o nosso voluntário representa Paulo. Ele tentou decidir onde Deus queria que ele fosse. Você pode ajudar a dirigir o nosso voluntário através desse percurso para que ele não tropece nem caia.**

Escolha outro voluntário para dar instruções orais para a criança com os olhos vendados. Se o tempo permitir, deixe outras crianças serem voluntárias para passar pelo caminho com obstáculos.

Diga: **Deus nos dá o Espírito Santo para nos ajudar a sabermos o que fazer. Deus guiou Paulo aos lugares que Ele queria que Paulo fosse.**

LIÇÃO BÍBLICA

Prepare a história bíblica baseada nos versículos bíblicos dessa lição.

Uma versão fácil de ler dessa lição está impressa no fim desse livro, nas páginas 113-142.

As crianças entenderão melhor essa lição se você contar a história para elas, ao invés de ler.

Depois da história, motive as crianças a responderem as perguntas a seguir. Não há respostas certas ou erradas. Essas perguntas ajudam as crianças a entenderem as histórias e aplicá-las em suas vidas.

1. **Por onde quer que Paulo viajava, ele buscava pessoas que precisavam ouvir do amor e do perdão de Deus.** Onde é que podemos ir hoje para encontrar pessoas que precisam ouvir essa mensagem?
2. **As pessoas hoje podem ficar possessas por um espírito como o que a escrava estava?** Como é que as pessoas são escravizadas pelo pecado?
3. **Todos nós passamos por momentos difíceis.** Como podemos responder quando estivermos em circunstâncias difíceis como Paulo e Silas estavam?
4. **Os pontos da história de hoje destacam o fato que a vida nem sempre é justa.** Como devemos agir e falar quando a vida for injusta?

Diga: **Paulo ouviu o Espírito Santo e sempre seguiu a Sua direção. Em uma história, o anjo guiou Paulo para fora da prisão. Em outra situação, Paulo foi liberto de suas correntes durante um terremoto, mas Paulo ficou na prisão. Em cada caso, Paulo testemunhou para aqueles em sua volta sobre a ressurreição de Jesus Cristo. Podemos seguir a Jesus, porque Ele está vivo!**

VERSÍCULO PARA MEMORIZAÇÃO

Pratique o Versículo para Memorização do estudo. Você encontrará sugestões de atividades para o Versículo de Memorização nas páginas 111-112.

ATIVIDADES ADICIONAIS

Escolha alguma dessas opções para incrementar o estudo bíblico das crianças.

1. Deixe as crianças representarem a história de Paulo e Silas na prisão. Forneça papel e outros materiais para as crianças fazerem acessórios simples, como a espada e as algemas. Distribua os personagens da história para os voluntários. Leia os versículos de Atos 16:6-40 enquanto as outras crianças estiverem atuando.
2. Revise esses primeiros passos da salvação com as crianças:
- Admita que você pecou. Diga a Deus que você se arrepende dos seus pecados. Com a ajuda de Deus, pare de fazer as coisas que estão erradas.
- Creia que Deus lhe ama e que Ele enviou Jesus para lhe salvar dos seus pecados. Peça que Deus lhe perdoe.
- Peça para Jesus ser o seu Salvador e melhor amigo. Ame a Deus, obedeça os seus mandamentos e conte a outros sobre Jesus. Diga as outras pessoas o que Deus tem feito por você.

Pergunte se alguma criança deseja aceitar a salvação de Deus, para fazer isso hoje. Ore com as crianças e parabenize qualquer criança que tomar esse passo importante. Encontre cristãos maduros que ajudarão a mentoriar essas crianças e motive-os a aprenderem o que significa andar com Cristo.

PERGUNTAS PARA COMPETIÇÃO BÁSICA

Para preparar as crianças para a competição, leia Atos 16:6-40 para elas.

1 Onde foi que o Espírito Santo impediu Paulo e seus companheiros de pregar a Palavra? (16:6)
1. Na Grécia
2. **Na província da Ásia**
3. Em Jerusalém

2 Por que Paulo concluiu que Deus lhes chamava para pregar o evangelho na Macedônia? (16:9-10)
1. **Ele teve uma visão de um homem na Macedônia.**
2. Ele recebeu uma carta da Macedônia.
3. As pessoas insistiram para ele ir para a Macedônia.

3 Quem é que Paulo e seus companheiros encontraram à beira do rio no sábado? (16:13-14)
1. Os saduceus
2. **Lídia e algumas mulheres**
3. Os irmãos da Judeia

4 Como é que a escrava ganhava dinheiro? (16:16)
1. **Predizendo o futuro**
2. Vendendo tecidos e linhas
3. Trabalhando como cozinheira

5 Por que os donos da escrava agarraram Paulo e Silas? (16:19)
1. Eles queriam ganhar dinheiro em cima dos milagres deles.
2. **Eles perceberam que a sua esperança de lucro tinha acabado.**
3. Eles tinham ciúmes do poder deles.

6 O que Paulo e Silas fizeram por volta da meia-noite na prisão? (16:25)
1. Oraram
2. Cantaram hinos
3. **As duas respostas estão corretas.**

7 O que fez com que as portas da prisão se abrissem e as correntes de todos se soltassem? (16:26-27)
1. O carcereiro decidiu soltar todos.
2. **Um terremoto violento.**
3. Houve uma terrível tempestade.

8 O carcereiro perguntou a Paulo e Silas: "Senhores, que devo fazer para ser salvo?" O que eles responderam? (16:30)
1. "Você deve nos libertar."
2. "Você deve dar o dízimo na sinagoga."
3. **"Creia no Senhor Jesus, e serão salvos você e os de sua casa."**

9 O que o carcereiro e sua família fizeram naquela mesma hora? (16:33)
1. Eles libertaram Paulo e Silas.
2. **Eles foram batizados.**
3. Eles fugiram.

10 Por que o carcereiro encheu-se de alegria? (16:34)
1. Porque ele não foi punido ao libertar Paulo e Silas da prisão.
2. Porque ele saiu mais cedo do trabalho
3. **Porque ele havia crido em Deus**

PERGUNTAS PARA COMPETIÇÃO AVANÇADA

Para preparar as crianças para a competição, leia Atos 16:6-40 para elas.

1 O que aconteceu quando Paulo e seus companheiros tentaram entrar na Bitínia? (16:7)
1. Eles passaram facilmente pela fronteira.
2. Os guardas da fronteira os questionaram profundamente.
3. **O Espírito de Jesus os impediu de entrar.**
4. Eles mudaram de ideia e foram embora.

2 Quem disse: "Passe à Macedônia e ajude-nos"? (16:9)
1. **Um homem da Macedônia que Paulo viu em uma visão**
2. Um pedinte da Macedônia no caminho para Trôade
3. O governo macedônio
4. A igreja em Macedônia

3 Quem era Lídia? (16:14)
1. Uma vendedora de tecido púrpura
2. Uma mulher de Tiatira
3. Uma mulher temente a Deus
4. **Todas as respostas estão corretas.**

4 Em Filipos, uma moça que tinha um espírito predizia o futuro. O que aconteceu depois que Paulo ficou indignado e disse para o espírito: "Em nome de Jesus Cristo eu lhe ordeno que saia dela!" (16:18-20)
1. O espírito a deixou.
2. Os donos da escrava agarraram Paulo e Silas.
3. Paulo e Silas foram arrastados diante das autoridades.
4. **Todas as respostas estão corretas.**

5 Por que Paulo gritou: "Não faça isso! Estamos todos aqui!"? (16:27-28)
1. Para garantir Silas que ele ainda estava ali
2. **Para evitar que o carcereiro se matasse por pensar que os prisioneiros haviam escapado.**
3. Para impedir que os outros prisioneiros ficassem brigando.
4. Porque os magistrados iam espancar o carcereiro por tê-los deixados sair.

6 O que o carcereiro perguntou a Paulo e Silas? (16:29-30)
1. "Como é que isso aconteceu?"
2. "Vocês são mágicos?"
3. **"Que devo fazer para ser salvo?"**
4. "Da onde vocês vieram?"

7 Por que o carcereiro alegrou-se muito? (16:34)
1. **Porque ele e todos os de sua casa haviam crido em Deus**
2. Porque os prisioneiros escaparam
3. Porque ele não era mais o carcereiro
4. Todas as respostas estão corretas.

8 Quando é que os magistrados mandaram soltar Paulo e Silas? (16:35)
1. **Quando amanheceu**
2. Naquela mesma noite
3. Uma semana depois
4. Depois de uma quinzena

9 O que Paulo queria que os magistrados fizessem? (16:37)
1. Que os libertassem secretamente da prisão.
2. **Que os próprios magistrados viessem e libertassem ele e Silas da prisão.**
3. Que publicamente se desculpassem por os terem espancado.
4. Todas as respostas estão corretas.

10 Complete o versículo: "Pedro respondeu: 'Arrependam-se, e cada um de vocês seja batizado em nome de Jesus Cristo, para perdão dos seus pecados, e receberão…" (Atos 2:38)
1. "… vida eterna."
2. **"…o dom do Espírito Santo."**
3. "… riquezas sem medida."
4. "… tudo o que o Senhor lhes prometeu."

ESTUDO DOZE

ATOS 17:1-34

Novamente Em Viagem

VERSÍCULO PARA MEMORIZAÇÃO

"Você será testemunha dele a todos os homens, daquilo que viu e ouviu." (Atos 22:15)

VERDADE BÍBLICA

Deus nos envia ao mundo para compartilhar o Seu amor.

DICA DE ENSINO

Paulo reconheceu que os atenienses eram religiosos. Muitas pessoas se dizem ser religiosas, mas elas realmente não conhecem a Deus. É importante para nós não somente sermos religiosos, mas crermos em Jesus Cristo e aceitá-lo como nosso Salvador—realmente conhecê-lo.

COMENTÁRIO BÍBLICO

Quando Paulo estava em Atenas, ele viu muitos ídolos pela cidade. Tinha até um escrito: "AO DEUS DESCONHECIDO". Atenas era uma cidade de elite, lar de uma universidade e intelectuais que valorizavam ideias e aprendizado. Paulo debateu com filósofos epicureus e estóicos. Os epicureus buscavam o prazer para encontrarem felicidade. Às vezes, eles usavam de autonegação para alcançar felicidade de longo prazo. Os estóicos ensinaram que as pessoas deviam viver de acordo com a natureza e não serem emocionalmente afetadas pelas coisas.

Paulo pregou que o "Deus desconhecido" que eles adoravam era, na verdade, o único, verdadeiro e vivo Deus. Ele explicou que Deus criou o mundo, que Ele nos dá vida e fôlego, e que somos seus filhos.

A mensagem do evangelho que Paulo pregou, desafiou muitas das ideias que eram culturalmente aceitável aos atenienses. Os atenienses eram diferentes dos judeus, para quem Paulo havia pregado antes. Esse novo público não conhecia as escrituras judaicas. Então, Paulo lhes ensinou usando a linguagem que eles entendiam. Ele usou metáforas familiares para lhes ajudar a começar a entender Deus. Ele até usou citações da literatura deles para descrever a Deus. Ele falou com esses filósofos educados de uma maneira que apelava ao intelecto deles. Ele apresentou o evangelho de forma cativante.

Os atenienses buscavam algo autêntico para adorar. Eles buscavam algo que daria significado e propósito para as suas vidas. Sabemos que suas mentes estavam abertas para a ideia de um novo Deus, já que eles reconheciam a existência de um "Deus desconhecido". Da mesma maneira, muitas pessoas de nosso mundo hoje buscam a Deus, mas elas não sabem como descrevê-Lo. É nossa responsabilidade encontrar maneiras para compartilhar a mensagem de Jesus com todas as pessoas, não somente aqueles com contextos semelhantes aos nossos. Jesus é quem eles buscam e somente Ele é capaz de preencher esse desejo de conhecer a Deus.

PALAVRAS DA NOSSA FÉ

o Sábado – o dia que Deus separou para descanso, adoração e fazer o bem (Sabbath). Os cristãos celebram o Dia do Senhor (domingo) como o seu *Sabbath*, já que esse foi o dia que Jesus ressuscitou dentre os mortos.

um missionário – uma pessoa chamada por Deus e enviada pela Igreja para levar o evangelho a pessoas de outros países ou culturas.

um ídolo – qualquer coisa que é adorada no lugar de Deus ou mais que Deus. A cidade de Atenas era cheia de ídolos feitos de ouro, prata e pedra.

o Areópago – um monte em Atenas onde o conselho de filósofos se encontrava para discutir questões filosóficas. Paulo falou com esse grupo sobre a ressurreição de Jesus.

ATIVIDADE

Você precisará dos seguintes itens para essa atividade:
- Um pedaço de papel para cada criança
- Um lápis ou caneta para cada criança

Antes da aula, escreva nos papéis a seguinte declaração: "Eu estou disposto a ir onde quer que Deus me mandar ir para dizer às pessoas sobre Jesus." No pé da página, desenhe uma linha para a assinatura da criança.

Na aula, diga: **Estudamos as viagens que Paulo fez para muitas cidades. Por que Paulo viajava para essas cidades**? (Deus lhe pedia para dizer as pessoas sobre Jesus.) **O que é um missionário**? (Alguém que viaja para outro país ou cultura para dizer as pessoas sobre Deus e seu plano de salvação através de Jesus.) **Como é que o mundo seria diferente se Paulo tivesse ficado em Jerusalém e tivesse se recusado a viajar**? (Talvez pessoas em outros lugares do mundo não ouvissem sobre Jesus. Deus poderia ter escolhido outra pessoa para divulgar o evangelho, mas essa pessoa talvez não tivesse a coragem e a determinação de Paulo.)

Diga: **Deus pode pedir para você deixar a sua cidade e ir para outro lugar compartilhar o evangelho. Você diria sim se Ele lhe pedisse para fazer isso**?

Distribua os papéis e os lápis. Leia a declaração, depois ore e peça para Deus ajudar as crianças a estarem disponíveis para dizer aos outros sobre Jesus no lugar onde moram ou em outro lugar do mundo. Motive as crianças a assinarem seus nomes se elas estiverem dispostas a compartilharem as boas novas de Jesus onde quer que elas forem e com qualquer pessoa que Deus lhes pedir para compartilhar. Algumas crianças assinarão imediatamente, enquanto outras podem querer assinar mais tarde. Fale para as crianças levarem o papel para casa e guardá-lo nas suas Bíblias ou em outro lugar seguro.

Diga: **Louvamos a Deus por Paulo e outros missionários que levam o evangelho para muitas áreas do mundo**.

LIÇÃO BÍBLICA

Prepare a história bíblica baseada nos versículos bíblicos dessa lição.

Uma versão fácil de ler dessa lição está impressa no fim desse livro, nas páginas 113-142.

As crianças entenderão melhor essa lição se você contar a história para elas, ao invés de ler.

Depois da história, motive as crianças a responderem as perguntas a seguir. Não há respostas certas ou erradas. Essas perguntas ajudam as crianças a entenderem as histórias e aplicá-las em suas vidas.

1. **Por que será que os judeus que causaram problemas em Tessalônica estavam com inveja de Paulo? Às vezes, quando alguém tem sucesso em alguma área, as pessoas ficam com inveja. Você já ficou com inveja de alguém que foi melhor que você em alguma coisa?**
2. **Por que foi dito que os bereanos eram mais nobres do que os tessalonicenses? É importante estudar a Bíblia para saber se o que alguém diz é verdade? Por que ou por que não? Como é que você sabe se alguém está ensinando a verdade?**
3. **Como é que você teria se sentido se você tivesse na multidão de filósofos no Areópago ouvindo Paulo falar? Qual seria a sua resposta para as palavras dele?**
4. **As pessoas ainda adoram ídolos hoje? Explique a sua resposta.**

Diga: **Às vezes Deus envia as pessoas para lugares distantes ou culturas diferentes para serem missionários e compartilharem as boas novas. Outras vezes, Deus chama as pessoas para serem testemunhas no lugar onde elas já estão. Independente se formos ou ficarmos, devemos agradecer a Deus pelas oportunidades que recebemos de compartilhar o Seu amor com os outros.**

VERSÍCULO PARA MEMORIZAÇÃO

Pratique o Versículo para Memorização do estudo. Você encontrará sugestões de atividades para o Versículo de Memorização nas páginas 111-112.

ATIVIDADES ADICIONAIS

Escolha alguma dessas opções para incrementar o estudo bíblico das crianças.

1. Diga: **Um ídolo é algo ou alguém que uma pessoa adora no lugar de Deus. No Antigo Testamento, as pessoas faziam ídolos de madeira, ouro ou outros metais, ou pedra. No Novo Testamento, a cidade de Atenas estava cheia de ídolos que as pessoas adoravam. Hoje, algumas pessoas ainda dão a maior prioridade para algo ou alguém além de Deus.** Pergunte: **quais são os nossos ídolos hoje?** Liste as respostas na lousa ou em um papel grande. Algumas respostas podem ser: dinheiro, fama, popularidade, estrelas de cinema ou *rock*, heróis esportivos, educação, etc. **O que Paulo diria para as pessoas sobre dar prioridade a essas pessoas e coisas?**
2. Pergunte: **Você já testemunhou um acidente? Alguém pediu para você contar o que aconteceu?** (Deixe as crianças responderem.) Leia Atos 22:15. Diga: **Esse versículo tem a palavra testemunha nele. O que**

significa ser uma **testemunha de Jesus**? (Você conta aos outros a sua história sobre o que Jesus fez por você.) Peça para algum adulto vir à sua sala contar como ele se converteu e como o Espírito Santo o ajuda a viver como cristão. Motive as crianças a serem testemunhas de Jesus para a sua família e amigos.

PERGUNTAS PARA COMPETIÇÃO BÁSICA

Para preparar as crianças para a competição, leia Atos 17:1-34 para elas.

1 **Quem disse: "Este Jesus que lhes proclamo é o Cristo"? (17:1-3)**
1. Silas
2. **Paulo**
3. Timóteo

2 **Na casa de quem os judeus buscaram Paulo e Silas? (17:5)**
1. **Na casa de Jasom**
2. Na casa de Maria
3. Na casa de Lídia

3 **O que os oficiais da cidade fizeram com Jasom quando eles não encontraram Paulo e Silas na sua casa? (17:6-9)**
1. Eles o açoitaram.
2. Eles o interrogaram.
3. **Eles o fizeram pagar fiança.**

4 **Quem foi enviado para o litoral quando os judeus de Tessalônica foram para Bereia agitar as multidões? (17:13-14)**
1. **Paulo**
2. Silas
3. As duas respostas estão corretas.

5 **O que indignou Paulo quando ele estava esperando por Silas e Timóteo em Atenas? (17:16)**
1. A demora deles para chegar ali.
2. O fato de não poder falar a língua deles.
3. **A cidade estar cheia de ídolos.**

6 **O que estava inscrito em um altar em Atenas? (17:23)**
1. "Ao Senhor Jesus Cristo"
2. **"Ao Deus Desconhecido"**
3. "Ao povo de Atenas"

7 **O que Deus dá a todos? (17:24-25)**
1. **A vida, o fôlego e as demais coisas**
2. Todas as riquezas do mundo
3. Qualquer coisa que pedirmos

8 **Quem não está longe de nenhum de nós? (17:27)**
1. Paulo
2. **Deus**
3. Pedro

9 **O que alguns poetas atenienses dizem? (17:28)**
1. Nós pertencemos a eles.
2. Somos herdeiros do reino.
3. **Também somos descendência deles.**

10 **Como é que Deus deu prova de que um dia Ele julgará o mundo com justiça? (17:31)**
1. **Ressuscitando Jesus dentre os mortos**
2. Dando a Paulo as palavras que ele devia dizer
3. Oferecendo julgamento na Terra

PERGUNTAS PARA COMPETIÇÃO AVANÇADA

Para preparar as crianças para a competição, leia Atos 17:1-34 para elas.

1 Em Tessalônica, o que os judeus fizeram, porque estavam com inveja? (17:5)
1. Eles se arrependeram e foram batizados.
2. Eles bateram em Paulo e Silas.
3. **Eles se formaram com a multidão e iniciaram um tumulto na cidade.**
4. Eles mandaram seu sumo sacerdote para a prisão

2 De que os judeus em Tessalônica acusaram Paulo e Silas? (17:6-7)
1. **De agirem contra os decretos de César, dizendo que existe outro rei**
2. De hospedarem inimigos entre eles
3. De visitarem casas de pecadores
4. De realizarem milagres no Sábado

3 Como é que os bereanos receberam a mensagem? (17:11)
1. Relutantemente
2. Vagarosamente, depois de consultarem seus sacerdotes
3. Com os corações fechados
4. **Com grande interesse**

4 O que é que os judeus em Tessalônica fizeram quando eles ficaram sabendo que Paulo estava pregando a palavra de Deus em Bereia? (17:13)
1. Eles deixaram Bereia.
2. **Eles agitaram as multidões em Bereia.**
3. Eles acalmaram as multidões em Bereia.
4. Todas as respostas estão corretas.

5 Paulo debateu com um grupo de filósofos. Que observação foi feita por alguns deles? (17:18)
1. "Ele está tentando arrumar problema."
2. **"Parece que ele está anunciando deuses estrangeiros."**
3. "Esse homem prega a verdade."
4. "Ele só está ensinando."

6 O que os atenienses e os estrangeiros que viviam ali faziam com o seu tempo? (17:21)
1. **Falavam e ouviam as últimas novidades**
2. Qualquer coisa que quisessem
3. Adoravam seus ídolos
4. Distraíam as visitas

7 Como é que Paulo sabia que os homens de Atenas eram muito religiosos? (17:22-23)
1. **Ele encontrou um altar com a inscrição: "Ao Deus Desconhecido."**
2. Eles tinham imagens de Jesus nas paredes.
3. Eles obedeciam a Lei e os profetas.
4. Ele encontrou provas de que Jesus estava ali.

8 Em Atenas, como é que Paulo descreve Deus? (17:24)
1. Como um Deus ciumento
2. Como um Deus inalcansável
3. **Como Senhor dos céus e da terra**
4. Como um Deus furioso

9 Quem dá a todos a vida, o fôlego e as demais coisas? (17:25)
1. Paulo
2. **Deus**
3. Zeus
4. Atenas

10 Para que Deus estabeleceu um dia? (17:31)
1. Para "inundar toda a terra"
2. **Para "julgar o mundo com justiça"**
3. Para "provar o Seu poder"
4. Para "voltar"

ESTUDO TREZE

ATOS 18:1-11, 18-28

Ensinando e Pregando

VERSÍCULO PARA MEMORIZAÇÃO

"Que diremos, pois, diante dessas coisas? Se Deus é por nós, quem será contra nós?" (Romanos 8:31)

VERDADE BÍBLICA

Deus nos motiva a compartilhar o Seu amor, mesmo se outros nos rejeitarem.

DICA DE ENSINO

O trabalho de Paulo era fazer tendas. Essas tendas eram feitas de couro ou do pelo de cabras. Esse trabalho era o que Paulo fazia para se sustentar enquanto testemunhava às pessoas que encontrava.

COMENTÁRIO BÍBLICO

Lucas nos apresenta a ministros companheiros que ajudaram Paulo: Priscila, Áquila e Apolo.

Quando muitos da população judaica em Corinto se recusavam a se arrepender, Paulo se absolvia da responsabilidade de ensiná-los. Ele focava nos gentios, porque esses estavam recebendo a mensagem. A visão do Senhor motivou Paulo a continuar em Corinto e ele ficou ali por 18 meses. Durante esse tempo, ele teve muitas oportunidades de compartilhar a mensagem sobre Jesus e desenvolver relacionamentos com as pessoas.

Quando Paulo deixou Corinto, Priscila e Áquila juntaram-se a ele. Os três tinham muito em comum. Eles eram colegas de profissão e compartilhavam da mesma vocação. Enquanto eles estavam em Éfeso, eles encontraram Apolo, um plantador de igreja do Egito. Apolo era inteligente e conhecia a Bíblia. Entretanto, ele não conhecia toda a história de Jesus. Então, Priscila e Áquila o disciplinaram. Apolo usou o que ele aprendeu quando ele viajou para Acaia proclamando e defendendo a fé.

Em I Coríntios, Paulo menciona o trabalho de Priscila e Áquila (16:19) e de Apolo (3:6, 9). Ele diz que plantou a semente do evangelho em Corinto, mas que Apolo veio depois dele e regou, ao encorajar e ensinar os cristãos. E Deus deu o crescimento.

O ministério não é trabalho de uma única pessoa. É necessário muitas pessoas para fazerem esse trabalho corretamente. Na lição de hoje, nós aprendemos:

- **Que temos que ser graciosos quando admoestamos os outros.**

Áquila e Priscila ensinaram Apolo que o entendimento que ele tinha de Jesus não estava completo. Mesmo assim, eles o fizeram em particular, para não envergonhá-lo.

- **Todos temos um papel de ministrar àqueles que estão em nossa volta e de compartilhar o evangelho com eles.**

Às vezes, é fácil ficar desanimado se alguém não aceita a Cristo. Entretanto, podemos encontrar paz no entendimento de que Deus pode e usará a cada um de nós para ajudar a levar pessoas a Ele. Assim como Ele usou Apolo para regar o que Paulo plantou, ele pode nos usar tanto para plantar a semente da fé quanto para ajudá-la a crescer.

ATIVIDADE

Você precisará dos seguintes itens para essa atividade:
- Quadro de giz e giz ou lousa branca e canetas de lousa

Antes da aula, escreva essa frase na lousa: "Entretanto, Paulo obedeceu a Deus."

Na aula, diga: **Hoje vamos compartilhar algumas experiências difíceis de Paulo. Eu lerei uma frase e depois eu quero que vocês leiam essa frase que eu escrevi. Vocês vão repetir essa frase depois de cada frase que eu ler.**

Leia essas frases e pause para as crianças falarem.

- **Em Jerusalém, os cristãos tiveram medo de Paulo.** (*Entretanto, Paulo obedeceu a Deus.*)
- **Em Salamina, um mágico tentou impedir que Paulo testemunhasse ao governador.** (*Entretanto, Paulo obedeceu a Deus.*)
- **Em Antioquia da Pisídia, alguns judeus causaram problemas para Paulo e Barnabé.** (*Entretanto, Paulo obedeceu a Deus.*)
- **Em Icônio, alguns judeus agitaram os gentios e planejaram maltratar e apedrejar Paulo.** (*Entretanto, Paulo obedeceu a Deus.*)
- **Em Listra, algumas pessoas apedrejaram Paulo e o arrastaram para fora da cidade.** (*Entretanto, Paulo obedeceu a Deus.*)
- **Paulo e Barnabé discordaram sobre João Marcos.** (*Entretanto, Paulo obedeceu a Deus.*)
- **Paulo queria ir para Mísia, mas o Espírito Santo lhe disse para ir para a Macedônia.** (*Entretanto, Paulo obedeceu a Deus.*)
- **Em Filipos, oficiais prenderam Paulo e Silas.** (*Entretanto, Paulo obedeceu a Deus.*)
- **Em Tessalônica, os judeus fizeram um tumulto contra Paulo.** (*Entretanto, Paulo obedeceu a Deus.*)
- **Em Atenas, algumas pessoas creram em Jesus, mas outros zombaram de Paulo.** (*Entretanto, Paulo obedeceu a Deus.*)
- **Em Corintos, os judeus se opuseram a Paulo e lançaram maldições, então ele foi para os gentios.** (*Entretanto, Paulo obedeceu a Deus.*)

Diga: **Paulo passou por muitas situações difíceis. Você pode experimentar situações ridículas ou difíceis também. Não desista. Amigos e família podem não apreciar o que você** diz ou faz como cristão. Entretanto, assim como Paulo, continue a obedecer a Deus.

LIÇÃO BÍBLICA

Prepare a história bíblica baseada nos versículos bíblicos dessa lição.

Uma versão fácil de ler dessa lição está impressa no fim desse livro, nas páginas 113-142.

As crianças entenderão melhor essa lição se você contar a história para elas, ao invés de ler.

Depois da história, motive as crianças a responderem as perguntas a seguir. Não há respostas certas ou erradas. Essas perguntas ajudam as crianças a entenderem as histórias e aplicá-las em suas vidas.

1. Como será que Áquila e Priscila se sentiram quando tiveram que deixar Roma e mudar para muito longe?
2. Paulo fez amizade com Áquila e Priscila. Como será que eles o ajudaram? Como é que seus amigos lhe ajudam?
3. Paulo poderia ter desanimado quando as pessoas não quiseram ouvir a Sua mensagem. O que Deus lhe disse em 18:9-10?
4. Com suas próprias palavras, diga o que aconteceu quando Apolo veio para Éfeso e ensinou na sinagoga.

Diga: **Quanto mais e mais pessoas eram resgatadas de sua vida de pecado, as boas novas se espalhavam. O poder de Deus era evidente. Muitos ouviram sobre o que estava acontecendo. Muitas pessoas tornaram-se seguidoras de Jesus Cristo. Podemos decidir seguir a Jesus Cristo, assim como as pessoas para as quais Paulo pregou.**

VERSÍCULO PARA MEMORIZAÇÃO

Pratique o Versículo para Memorização do estudo. Você encontrará sugestões de atividades para o Versículo de Memorização nas páginas 111-112.

ATIVIDADES ADICIONAIS

Escolha alguma dessas opções para incrementar o estudo bíblico das crianças.

1. Escreva metade dos pares em um pedaço de papel (veja a lista abaixo). Distribua um papel para cada criança. Dê tempo para as crianças juntarem os pares. Deixe as crianças contarem como a pessoa ou lugar estão relacionadas aos nossos estudos de Atos.
   - Áquila | Priscila
   - Paulo | Silas
   - Crispo | Chefe da sinagoga
   - Apolo | Precisava de informação
   - Atenas | Cidade com ídolo de um Deus desconhecido
   - Lídia | Vendedora de tecido de púrpura
   - Jasom | Abriu sua casa para Paulo
2. Forneça giz ou canetinhas e papel. Ajude as crianças a fazerem um cartão para alguém que estiver desanimado. Compartilhe alguns versículos bíblicos que elas podem usar nos cartões.

PERGUNTAS PARA COMPETIÇÃO BÁSICA

Para preparar as crianças para a competição, leia Atos 18:1-11, 18-28 para elas.

1 **Para onde Paulo foi depois que ele saiu de Atenas? (18:1)**
1. Para Tessalônica
2. Para Corinto
3. Para Antioquia

2 **Por que Paulo ficou com Áquila e Priscila? (18:2-3)**
1. Porque ele era um fazedor de tendas como eles
2. Porque eles tinham muito dinheiro
3. Porque eles eram da Itália

3 **Em Corinto, o que Paulo fazia todo sábado? (18:4)**
1. Ele debatia na sinagoga.
2. Ele trabalhava como fazedor de tendas.
3. Ele ia para casa, em Tarso.

4 **Quem disse a Paulo: "Não tenha medo, continue falando e não fique calado"? (18:9)**
1. O Senhor, em uma visão
2. Barnabé e Timóteo
3. Os cristãos em Corinto

5 **Por quanto tempo Paulo ficou em Corinto? (18:11)**
1. Por duas semanas
2. Por um ano e meio
3. Não muito tempo

6 **Por que Paulo rapou a cabeça em Cencreia? (18:18)**
1. Porque seu cabelo estava muito comprido
2. Porque ele não queria que ninguém o reconhecesse
3. Porque ele havia feito um voto

7 **O que Paulo fez por toda a região da Galácia e da Frígia? (18:23)**
1. Fortaleceu todos os discípulos
2. Escondeu-se entre os gentios
3. As duas respostas estão corretas

8 **Qual era o único batismo que Apolo conhecia? (18:25)**
1. O batismo de Pedro
2. O batismo de João
3. O batismo de Jesus

9 **O que Priscila e Áquila fizeram por Apolo? (18:26)**
1. Convidaram-no para ir à sua casa
2. Explicaram-lhe com mais exatidão o caminho de Deus
3. As duas respostas estão corretas

10 **O que Apolo fez quando chegou em Acaia? (18:27-28)**
1. Ele refutou vigorosamente os judeus em debate público.
2. Ele provou pelas Escrituras que Jesus é o Cristo.
3. As duas respostas estão corretas.

PERGUNTAS PARA COMPETIÇÃO AVANÇADA

Para preparar as crianças para a competição, leia Atos 18:1-11, 18-28 para elas.

1 Por que Áquila e Priscila foram da Itália para Corinto? (18:1-2)
1. Porque eles tinham amigos e família ali
2. **Porque Cláudio havia ordenado que todos os judeus saíssem de Roma**
3. Porque eles estavam procurando trabalho em Corinto
4. Porque Priscila precisava de férias

2 O que Paulo fazia na sinagoga todo sábado? (18:4)
1. **Ele debatia e convencia judeus e gregos.**
2. Ele pregava quando o rabi não estava lá.
3. Ele contava de suas viagens.
4. Ele condenava os pecadores.

3 O que Paulo disse quando os judeus se opuseram a ele e lançaram maldições? (18:6)
1. "Caia sobre a cabeça de vocês o seu próprio sangue!"
2. "Estou livre da minha responsabilidade."
3. "De agora em diante irei para os gentios."
4. **Todas as respostas estão corretas.**

4 Quem acompanhou Paulo para a Síria? (18:18)
1. Barnabé e Timóteo
2. **Priscila e Áquila**
3. Os irmãos
4. Ninguém

5 Em Éfeso, o que Paulo fez quando os judeus lhe pediram para ficar mais tempo com eles? (18:19-21)
1. Ele aceitou.
2. **Ele não cedeu, mas prometeu voltar se fosse da vontade de Deus.**
3. Ele lhes disse que oraria sobre isso.
4. Ele decidiu ficar mais duas semanas.

6 Como é que o livro de Atos descreve Apolo? (18:24-25)
1. Ele era homem culto e tinha grande conhecimento das Escrituras.
2. Fora instruído no caminho do Senhor e com grande fervor, falava e ensinava com exatidão acerca de Jesus.
3. Ele conhecia apenas sobre o batismo de João.
4. **Todas as respostas estão corretas.**

7 O que Priscila e Áquila fizeram quando ouviram Apolo? (18:26)
1. **Eles lhe explicaram com mais exatidão o caminho de Deus.**
2. Eles o condenaram.
3. Eles mandaram recado para Paulo voltar imediatamente.
4. Discretamente, eles lhe mandaram ir embora.

8 Em Acaia, quem foi uma grande ajuda para aqueles que pela graça haviam crido? (18:27)
1. Paulo
2. Barnabé
3. **Apolo**
4. Todas as respostas estão corretas

9 Em Acaia, o que Apolo provou pelas escrituras? (18:28)
1. Que Paulo era o Cristo
2. Que a história da criação era verdade
3. **Que Jesus era o Cristo**
4. Que Deus julga a todos

10 De acordo com Romanos 8:31, quem é por nós? (Romans 8:31)
1. Ninguém
2. Todos os cristãos
3. **Deus**
4. O Senhor Jesus Cristo

ESTUDO QUATORZE

ATOS 19:1-12, 23-41; 20:7-12

Tumultos e Milagres

VERSÍCULO PARA MEMORIZAÇÃO

"Mas receberão poder quando o Espírito Santo descer sobre vocês, e serão minhas testemunhas em Jerusalém, em toda a Judéia e Samaria, e até os confins da terra." (Atos 1:8)

VERDADE BÍBLICA

O Espírito Santo nos dá poder para fazermos coisas surpreendentes.

DICA DE ENSINO

Durante o tumulto, eles levaram Paulo para o teatro que era usado para as assembleias. Esse teatro poderia acomodar cerca de 25.000 pessoas. Com a cidade inteira reunida em um lugar, Paulo viu a oportunidade de falar com milhares de pessoas de uma vez só sobre Cristo. Ajude as crianças a entenderem por quê os discípulos acharam que Paulo enfrentaria a morte nas mãos dessa grande multidão hostil.

COMENTÁRIO BÍBLICO

O ministério de Paulo aos efésios evocava altas emoções: emoções positivas em relação ao Espírito e raiva profunda em relação ao cristianismo.

Quando Paulo chegou em Éfeso, os cristãos ali não tinham experimentado o poder do Espírito Santo. Paulo lhes perguntou algumas coisas e lhes ensinou sobre Jesus e o Espírito Santo. Ele batizou os novos cristãos.

Enquanto esteve em Éfeso, Deus realizou milagres através de Paulo: curando doenças e expulsando espíritos malignos. Esses atos eram evidência do trabalho do Espírito através de Paulo.

Entretanto, os ourives locais ficaram cheios de raiva, pois ganhavam muito dinheiro criando ídolos de prata dos deuses locais. A pregação de Paulo ameaçava seu estilo de vida, tanto religiosa quanto financeiramente. Eles tentaram impedir a mensagem de Paulo, mas não foram bem sucedidos.

Apesar do tumulto em Éfeso, Paulo continuou a viajar e pregar a mensagem de Cristo. Ele entendeu que perseguição e lutas fariam parte de sua vida.

PALAVRAS DA NOSSA FÉ

arrependimento – ato de deixar o pecado e virar-se para Deus. Sentir-se mal pelo pecado, pedir perdão e viver para Deus.

ATIVIDADE

Você precisará dos seguintes itens para essa atividade:
- Um mapa-múndi
- Um mapa de seu país

• Um mapa de sua cidade

Na aula, leia Atos 1:8 para as crianças. Revise o significado da palavra testemunha. Diga: **Falem os nomes mencionados em Atos 1:8.** Deixe as crianças responderem. **Jerusalém é uma cidade. Judeia e Samaria são países. Os confins da terra representam todas as outras partes do mundo. Se você obedecer esse versículo, você testemunhará em sua cidade, em seu país e em outras partes do mundo.**

Como é que você pode testemunhar para as pessoas em sua cidade? (Você pode testemunhar para familiares e amigos, para as pessoas em lojas e para as pessoas que você encontrar na escola e em outros lugares da cidade.)

Como é que você pode testemunhar para as pessoas em outras partes do seu país? (Você pode testemunhar para familiares ou amigos que moram em outras partes do país. Você pode ir de férias para outra cidade.)

Como é que você pode testemunhar para pessoas de outros países? (Você pode escrever cartas para missionários. Quando você dá uma oferta missionária, você ajuda missionários a levarem o evangelho para muitos países diferentes.)

Você pode testemunhar para pessoas de sua cidade, país e de outras partes do mundo. Você pode obedecer Atos 1:8.

LIÇÃO BÍBLICA

Prepare a história bíblica baseada nos versículos bíblicos dessa lição.

Uma versão fácil de ler dessa lição está impressa no fim desse livro, nas páginas 113-142.

As crianças entenderão melhor essa lição se você contar a história para elas, ao invés de ler.

Depois da história, motive as crianças a responderem as perguntas a seguir. Não há respostas certas ou erradas. Essas perguntas ajudam as crianças a entenderem as histórias e aplicá-las em suas vidas.

1. Qual é a diferença entre o batismo de João e o batismo em nome do Senhor Jesus?
2. Por que será que Paulo parou de falar na sinagoga e foi ensinar na escola de Tirano?
3. Explique o que causou o tumulto com os artífices e os outros trabalhadores em Éfeso. Qual foi a resposta de Paulo à multidão?
4. Por que será que os discípulos e amigos de Paulo não queriam que ele falasse com a multidão?

Diga: **Paulo estava cheio do Espírito Santo. Isso significa que ele deu toda a sua vida para Deus e que o Espírito Santo influenciava todo o seu pensamento, emoção e desejo. Quando Paulo enfrentava problemas, o Espírito Santo estava com ele. A vontade de Deus era feita. Graças a Deus, o mesmo Espírito Santo que preenchia Paulo está disponível para nós hoje.**

VERSÍCULO PARA MEMORIZAÇÃO

Pratique o Versículo para Memorização do estudo. Você encontrará sugestões de atividades para o Versículo de Memorização nas páginas 111-112.

ATIVIDADES ADICIONAIS

Escolha alguma dessas opções para incrementar o estudo bíblico das crianças.

1. Diga: **Nesse estudo, aprendemos sobre alguns milagres. Que milagres foram esses?** (Paulo trouxe Êutico de volta a vida. As pessoas usavam os acessórios de vestuário que Paulo tocava para curar as pessoas que estavam doentes.)

Pergunte: **Deus ainda faz milagres hoje? Você conhece alguém que já experimentou um milagre de Deus?**

Peça para o pastor falar com as crianças sobre milagres que ainda acontecem. Talvez alguém na sua igreja tenha vivido um milagre.

2. Os efésios aceitaram Jesus como salvador, mas eles não sabiam sobre o Espírito Santo. Peça para os alunos lerem rapidamente os versículos em Atos para determinar quantas vezes as palavras "Espírito Santo" aparecem em Atos. (Se necessário, dê um ou mais capítulos para cada aluno.)

Pergunte: **Como é que o Espírito Santo ajuda os cristãos?** Enumere os papéis do Espírito Santo em uma lousa ou em um papel grande. (O Espírito Santo é consolador, guia, mestre, fonte de força e coragem, além de ajudador. O Espírito Santo nos ajuda em momentos de tentação e desânimo. O Espírito Santo traz paz, alegria, esperança e entendimento.)

PERGUNTAS PARA COMPETIÇÃO BÁSICA

Para preparar as crianças para a competição, leia Atos 19:1-12, 23-41; 20:7-12 para elas.

1 Quantos homens foram batizados e receberam o Espírito Santo em Éfeso? (19:5-7)
1. Centenas
2. **Uns doze**
3. Somente alguns

2 O que aconteceu depois que os discípulos foram batizados em Éfeso e Paulo colocou suas mãos neles? (19:5-6)
1. O Espírito Santo veio sobre eles.
2. Eles falaram em línguas e profetizaram.
3. **As duas respostas estão corretas.**

3 Quem fez milagres extraordinários em Éfeso? (19:11)
1. Os discípulos
2. **Deus, através de Paulo**
3. Todos os que creram

4 Por causa do quê houve um grande tumulto em Éfeso? (19:23)
1. **Por causa do Caminho**
2. Por causa do passado de Paulo
3. Por causa da discussão sobre qual deus feito por mãos humanas era o maior

5 Quem era Demétrio? (19:24)
1. Um pregador em Éfeso
2. **Um ourives que fazia miniaturas de prata do templo de Ártemis**
3. Um mágico

6 O que Paulo disse que deuses feitos por mãos humanas eram? (19:26)
1. Bobeira
2. Lindas estátuas
3. **Não eram deuses**

7 Depois de Paulo dizer que deuses feitos por mãos humanas não eram deuses, o que aconteceu? (19:26-29)
1. **A cidade toda de Éfeso ficou em tumulto.**
2. Os que adoravam as miniaturas de prata de Ártemis ficaram felizes.
3. Os discípulos ficaram com raiva.

8 No teatro em Éfeso, quem é que os judeus empurraram para frente? (19:33)
1. Paulo
2. **Alexandre**
3. Demétrio

9 O que o escrivão da cidade de Éfeso disse que Paulo e seus homens não fizeram? (19:37)
1. Eles não roubaram os templos.
2. Eles não blasfemaram contra a deusa deles.
3. **As duas respostas estão corretas.**

10 O que aconteceu com Êutico quando ele adormeceu na janela? (20:9-10)
1. Ele caiu e morreu.
2. Paulo inclinou-se sobre o rapaz e disse a todos que ele estava vivo.
3. **As duas respostas estão corretas.**

PERGUNTAS PARA COMPETIÇÃO AVANÇADA

Para preparar as crianças para a competição, leia Atos 19:1-12, 23-41; 20:7-12 para elas.

1. O que Paulo perguntou aos discípulos quando ele chegou em Éfeso? (19:1-2)
1. "Apolo já esteve aqui?"
2. "Quantos cristãos têm aqui?"
3. **"Vocês receberam o Espírito Santo quando creram?"**
4. "Vocês lembram quem sou eu?"

2. Por que Paulo afastou-se de algumas pessoas em Éfeso? (19:9)
1. Eles se endureceram.
2. Eles se recusaram a crer.
3. Eles falaram mal do Caminho diante da multidão.
4. **Todas as respostas estão corretas.**

3. O que acontecia quando os lenços e os aventais que Paulo usava eram levados aos enfermos? (19:12)
1. Os enfermos pioravam e faleciam.
2. **Eles eram curados de suas doenças, e os espíritos malignos saíam deles.**
3. Os lenços e aventais desapareciam.
4. O Espírito Santo vinha sobre os enfermos.

4. Como é que o livro de Atos descreve Demétrio? (19:24)
1. Ele era um ourives.
2. Ele fazia miniaturas de prata do templo de Ártemis.
3. Ele dava muito lucro aos artífices.
4. **Todas as respostas estão corretas.**

5. O que Demétrio disse que perderia a sua reputação? (19:27)
1. **A profissão de ourives**
2. O Senhor, Jesus Cristo
3. Os adoradores de Ártemis
4. Todas as respostas estão corretas

6. O que os trabalhadores começaram a gritar quando eles ouviram o que Demétrio disse? (19:28)
1. "Vida longa ao rei!"
2. "Nós cremos em Jesus Cristo!"
3. **"Grande é a Ártemis dos efésios!"**
4. "Prendam e persigam Paulo!"

7. Do que a cidade de Éfeso é guardiã? (19:35)
1. De muitos deuses e deusas
2. **Do templo e da imagem de Ártemis**
3. Da palavra de Deus escrita
4. Todas as respostas estão corretas.

8. O que o escrivão da cidade disse que Demétrio e seus companheiros de profissão poderiam fazer? (19:38)
1. Ficar em paz
2. Tumultuar as ruas o tempo que quisessem
3. **Apresentar suas queixas ao tribunais se tivessem algo contra alguém**
4. Fazer ídolos de deuses diferentes

9. O que aconteceu com Êutico enquanto Paulo estava pregando? (20:9-10)
1. Ele adormeceu.
2. Ele caiu da janela.
3. Ele morreu.
4. **Todas as respostas estão corretas.**

10. O que Paulo fez depois que ele trouxe Êutico de volta a vida? (20:10-11)
1. Ele parou de pregar e voltou para casa.
2. **Ele partiu o pão e comeu. Depois falou até o amanhecer.**
3. Ele disse para Êutico ficar acordado.
4. Todas as respostas estão corretas.

ESTUDO QUINZE

ATOS 20:17-24, 32-38; 21:17-19

A Surpreendente Corrida de Paulo

VERSÍCULO PARA MEMORIZAÇÃO

"Todavia, não me importo, nem considero a minha vida de valor algum para mim mesmo, se tão-somente puder terminar a corrida e completar o ministério que o Senhor Jesus me confiou, de testemunhar do evangelho da graça de Deus."
(Atos 20:24)

VERDADE BÍBLICA

Deus nos confia a tarefa de compartilhar o evangelho.

DICA DE ENSINO

Lembre que algumas crianças já lidaram com perdas e dores em suas vidas. Seja sensível aos sentimentos de seus alunos ao falar sobre como os seguidores de Paulo se sentiram quando ele os deixou.

O Tiago mencionado em 21:18, é o irmão de Jesus. Ele se converteu depois da morte de Jesus e foi uma testemunha da ressurreição. Ele tornou-se líder da igreja em Jerusalém. Muitos acreditam que ele tenha escrito o livro de Tiago.

COMENTÁRIO BÍBLICO

Paulo foi fiel ao evangelho, mesmo que isso o tenha custado muito. Ele sofreu muitas dificuldades para proclamar a verdade de Jesus. Onde quer que ele fosse, Paulo esperava sofrer por essa mensagem.

Nas exortações finais de Paulo à igreja em Éfeso, ele os lembrou de seu próprio exemplo. Ele trabalhou muito para suprir suas próprias necessidades. Da mesma forma ele exortou os efésios a trabalharem muito, ajudarem os fracos e a compartilharem o evangelho. Ele os lembrou que não deveriam buscar recompensas financeiras, mas reconhecer o valor de seus relacionamentos. Veja Mateus 5:1-12 para encontrar maneiras pelas quais os cristãos experimentam as bençãos de Deus.

Uma das características que definem os cristãos é seu serviço para aqueles que estão às margens da sociedade. As histórias de Atos demonstram como os cristãos compartilhavam suas vidas uns com os outros, incluindo os seus recursos. Essa é a missão que Paulo enfatizou aos efésios.

Paulo descreveu suas lutas como um lembrete de que aqueles que seguem a Jesus podem encontrar grandes dificuldades. É o Espírito Santo que capacita o discípulo a permanecer e perseverar.

O relatório de Paulo ajudou mais tarde a reconciliar seu relacionamento tumultuado com os líderes da igreja em Jerusalém. Seu ministério aos gentios não contaminou a fé. Pelo contrário, levar a mensagem aos gentios demonstrava a grande graça e misericórdia de

Jesus. As boas novas de Jesus eram que Deus buscava continuamente levar a todas as pessoas a Ele. Nós compartilhamos da missão de Deus quando compartilhamos Jesus com os outros.

PALAVRAS DA NOSSA FÉ

graça – tudo o que Deus faz por nós, incluindo o seu amor, misericórdia, perdão e poder que trabalha em nossas vidas. Deus nos dá livremente a Sua graça, porque Ele nos ama, não porque merecemos.

uma exortação – um pequeno discurso que transmite recomentações ou conselhos urgentes. Atos inclui várias exortações de Paulo para as igrejas que ele visitou.

ATIVIDADE

Você precisará dos seguintes itens para essa atividade:
- Uma folha de papel para cada criança
- Um lápis para cada criança

Antes da aula, escolha uma tarefa que você realiza regularmente (por exemplo: se preparar para ir ao trabalho, fazer compras, planejamento ou ajudar as crianças com as tarefas da escola). Faça uma lista dos passos que você tem que tomar para realizar essas tarefas.

Diga para a turma: **Aqui está uma tarefa que realizo regularmente. Aqui estão os passos que tenho que tomar para realizar essa tarefa**. Leia a sua lista. Distribua as folhas e os lápis. Instrua os alunos a pensarem em alguma tarefa que eles realizam todo dia. Eles devem criar uma lista de passos necessários para completar essa tarefa. Deixe que alguns voluntários leiam as suas listas. Pergunta a cada voluntário: **Se você deixasse de tomar algum desses passos, você completaria a tarefa?** Dê um tempo para as crianças discutirem a questão.

Leia Atos 20:24. Diga: **Paulo estava determinado a completar a tarefa que Deus lhe deu**.

Peça para um voluntário ler Atos 13:46-47. Diga: **Nesses versículos, Paulo disse aos judeus que eles rejeitaram a sua mensagem sobre Jesus. Entretanto, Deus enviou Paulo aos gentios para pregar o evangelho para eles. Paulo conversou com os líderes de Éfeso e Jerusalém. Ele lhes disse que ele queria completar a tarefa que Deus lhe deu. Paulo viajou por muitas cidades. Ele pregou o evangelho e seguiu a direção do Espírito Santo**.

Separe um tempo para orar com as crianças. Peça para que Deus ajude as crianças a fazerem o que Ele quer que elas façam.

LIÇÃO BÍBLICA

Prepare a história bíblica baseada nos versículos bíblicos dessa lição.

Uma versão fácil de ler dessa lição está impressa no fim desse livro, nas páginas 113-142.

As crianças entenderão melhor essa lição se você contar a história para elas, ao invés de ler.

Depois da história, motive as crianças a responderem as perguntas a seguir. Não há respostas certas ou erradas. Essas perguntas ajudam as crianças a entenderem as histórias e aplicá-las em suas vidas.

1. **Por que será que Paulo mandou chamar os presbíteros de Éfeso?**
2. **O que Paulo disse sobre cobiçar prata, ouro e roupas de pessoas? O**

que Paulo considerava mais valioso que essas coisas?
3. O que será que Paulo estava esperando quando ele lhes disse que estava indo para Jerusalém?
4. Por que os presbíteros estavam chorosos quando eles se despediram de Paulo? Você já teve que dizer adeus para um amigo que talvez você nunca mais visse novamente? **Como é que você se sentiu?**

Diga: **Paulo e os presbíteros estavam tristes, pois eles achavam que não se veriam novamente. Antes deles partirem, eles se ajoelharam e oraram. Eles sabiam que Deus ouviria e responderia às suas orações quando eles O buscassem para serem confortados. Quando estamos tristes, a oração é sempre uma boa resposta. Deus está perto de nós tanto em momentos tristes como em momentos felizes.**

VERSÍCULO PARA MEMORIZAÇÃO

Pratique o Versículo para Memorização do estudo. Você encontrará sugestões de atividades para o Versículo de Memorização nas páginas 111-112.

ATIVIDADES ADICIONAIS

Escolha alguma dessas opções para incrementar o estudo bíblico das crianças.
1. Peça para um voluntário ler Atos 20:32-35. Diga: **Nesses versículos, Paulo disse que ele trabalhou diligentemente para suprir suas próprias necessidades e as necessidades de outros. Ele lembrou que os cristãos devem ajudar aqueles que têm necessidades.**

Converse sobre alguns projetos de serviço que a sua turma poderia realizar para pessoas em necessidade na sua igreja ou na sua comunidade (por exemplo: conseguir alimentos ou roupas para uma família que precisa, limpar o jardim de uma pessoa idosa, resolver algumas coisas para uma pessoa com alguma dificuldade física, dar carona para a igreja ou ler para uma pessoa com uma visão fraca). Motive cada criança a participar de um projeto (com os amigos da classe ou individualmente).

2. Diga: **Quando você vai para a escola, você recebe um boletim de notas. Essas notas são um relatório sobre o resultado da realização do seu trabalho. Paulo deu um relatório em Éfeso e em Jerusalém. Ele disse o que ele realizou em suas viagens.**

Peça para voluntários lerem e escreverem os seguintes versículos na lousa sobre o que Paulo relatou: Atos 20:19-21; 20:24; 20:31; 20:34; e 20:35. Depois, deixe os alunos decidirem sobre uma nota para dar a Paulo por cada uma de suas declarações.

PERGUNTAS PARA COMPETIÇÃO BÁSICA

Para preparar as crianças para a competição, leia Atos 20:17-24, 32-38; 21:17-19 para elas.

1 Como é que Paulo ensinou em Éfeso? (20:20)
1. Publicamente
2. De casa em casa
3. **As duas respostas estão corretas**

2 O que Paulo testificou tanto a judeus quanto a gregos? (20:21)
1. Que eles precisam converter-se a Deus
2. Que eles têm que ter fé em Jesus
3. **As duas respostas estão corretas**

3 Quem compeliu Paulo a ir para Jerusalém? (20:22)
1. **O Espírito**
2. Um anjo
3. Barnabé

4 O quanto Paulo considerava que valia a sua vida? (20:24)
1. Tudo
2. **Nada**
3. Só um pouco

5 O que o Espírito Santo avisou a Paulo em todas as cidades? (20:23)
1. Que prisões o esperariam
2. Que sofrimentos o esperariam
3. **As duas respostas estão corretas**

6 O que Paulo não cobiçava? (20:33)
1. Ouro nem prata
2. Vestes de ninguém
3. **As duas respostas estão corretas**

7 De acordo com as palavras de Jesus: "Há maior felicidade em dar do que..." (20:35)
1. "...tirar dos outros."
2. **"...em receber."**
3. "...ter muito."

8 O que mais entristeceu os presbíteros em Éfeso? (20:38)
1. **Paulo dizer que nunca mais veriam a sua face**
2. Achar que Paulo estaria voltando logo
3. Saber que eles não iriam com ele

9 O que irmãos fizeram quando Paulo e seus companheiros chegaram em Jerusalém? (21:17)
1. **Eles os receberam com alegria.**
2. Eles prenderam Paulo.
3. Eles lhes deram ajuda médica.

10 O que Paulo relatou a Tiago e aos presbíteros quando ele chegou em Jerusalém? (21:19)
1. Sobre os problemas que os judeus causaram.
2. **Sobre o que Deus havia feito entre os gentios.**
3. As duas respostas estão corretas.

PERGUNTAS PARA COMPETIÇÃO AVANÇADA

Para preparar as crianças para a competição, leia Atos 20:17-24, 32-38; 21:17-19 para elas.

1 Como é que Paulo serviu a Deus quando ele morou em Éfeso? (20:17-19)
1. Com temor e tremor
2. **Com grande humildade e com lágrimas**
3. Com confiança e força
4. Com incerteza e insegurança

2 Como é que Paulo ensinou em Éfeso? (20:20)
1. Com hesitação
2. **Publicamente e de casa em casa**
3. De pé, sobre uma plataforma
4. Somente para um pequeno grupo de cristãos

3 O que Paulo testificou tanto a judeus quanto a gregos em Éfeso? (20:21)
1. Que os deuses de Éfeso eram falsos deuses
2. Tudo o que ele sabia
3. **Que eles precisavam converter-se a Deus com arrependimento e fé no Senhor Jesus Cristo**
4. Somente o que eles conseguiriam lidar

4 Onde é que o Espírito Santo avisou a Paulo que prisões e sofrimento o esperariam? (20:23)
1. Em Jerusalém
2. Na Ásia
3. **Em todas as cidades**
4. Em sinagogas judaicas

5 Ao que Paulo entregou os presbíteros da igreja? (20:32)
1. Um ao outro
2. **A Deus e à palavra de Sua graça**
3. À liderança de Silas e Timóteo
4. Às pessoas em Éfeso

6 As mãos de quem supriram as necessidades de Paulo? (20:34)
1. As mãos de seus companheiros
2. As mãos de seus discípulos
3. As mãos dos gentios
4. **Suas próprias mãos**

7 O que aconteceu depois que Paulo falou com os presbíteros de Éfeso? (20:36-37)
1. Ele ajoelhou-se e orou.
2. Todos choraram muito.
3. Eles o abraçavam e o beijavam.
4. **Todas as respostas estão corretas.**

8 Quem recebeu Paulo e os outros alegremente quando eles chegaram em Jerusalém? (21:17)
1. **Os irmãos**
2. Ninguém
3. Todos que eles viram
4. Somente os doze apóstolos

9 Sobre o que Paulo relatou em detalhes quando ele chegou em Jerusalém? (21:19)
1. Sobre as pessoas de Éfeso que não creram
2. Sobre os tumultos que ele tinha visto
3. **Sobre o que Deus havia feito pelos gentios por meio do seu ministério**
4. Todas as respostas estão corretas.

10 Complete o versículo: "Todavia, não me importo, nem considero a minha vida de valor algum para mim mesmo, se tão-somente puder terminar a corrida e completar o ministério que o Senhor Jesus me confiou…" (Atos 20:24)
1. "…de ganhar a medalha de ouro."
2. **"…de testemunhar do evangelho da graça de Deus."**
3. "…mesmo que a tarefa seja difícil."
4. "…e viver a vida eterna no céu."

ESTUDO DEZESSEIS

ATOS 21:27–22:3, 17-29

Esta é a Minha História

VERSÍCULO PARA MEMORIZAÇÃO

"Agora, pois, vá; eu estarei com você, ensinando-lhe o que dizer."
(Êxodo 4:12)

VERDADE BÍBLICA

Quando Deus nos pede para falarmos por Ele, Ele nos ensina o que dizer.

DICA DE ENSINO

Os versículos de 4-16 não estão incluídos na seleção de passagem para essa lição. Ele é um resumo da experiência de salvação que Paulo teve no caminho para Damasco. Separe um tempo para lembrar os seus alunos dessa história.

COMENTÁRIO BÍBLICO

O comandante romano correu para evitar o tumulto. Ele mandou os seus soldados prenderem Paulo e o amarrou com duas correntes. Ele fez isso para a segurança de Paulo. Essa foi a terceira vez que as autoridades chegaram a fim de socorrer Paulo: primeiro em 18:12-17 e depois em 19:23-41. Essas situações serviram para preservar ainda mais e ajudar a divulgar o evangelho.

Paulo pediu ao comandante permissão para falar com as pessoas. Com o seu consentimento, Paulo dirigiu-se à multidão para explicar suas atitudes.

Paulo os chamou de "irmãos e pais" na língua deles, Aramaico. Ouvir essa língua familiar fez com que eles ouvissem atentamente. Ele testemunhou de sua família, sua tradição e sua herança. Ele se identificou como judeu. Ele mostrou que ele era uma pessoa de credibilidade devido ao seu conhecimento das leis e costumes judaicos.

É evidente que ele não desmereceu as preocupações deles como se fossem triviais. Ele buscou estabelecer uma conexão com eles baseado em sua língua materna, educação em comum, e o fato que, como eles, ela era um religioso zeloso. Paulo entendia esse comportamento zeloso deles, porque ele também perseguiu os cristãos antes de sua conversão. A distinção que ele fez com a multidão é que eles estavam sendo zelosos com a lei, e que agora ele era zeloso por Deus. Paulo tentou explicar para eles que quando ele tornou-se seguidor de Cristo, ele não esqueceu do judaísmo.

Sua nova fé o levou para seguir o Deus do judaísmo como aquele que também alcança os gentios. Mais uma vez, Paulo defende as suas ações. A extensão da graça de Deus aos gentios não é ideia dele, mas de Deus. Essa explicação não acalmou a multidão, eles ficaram aterrorizados com o fato de Paulo ter declarado que isso foi iniciativa de Deus.

A multidão queria linchar Paulo, então eles tentaram provar que ele havia cometido o pecado da blasfêmia—falando de forma inapropriada sobre Deus. Em sua maneira de pensar, era impossível considerar que Deus não favoreceria Israel de forma exclusiva. A pregação e as ações de Paulo, se realmente fossem de Deus, destruiriam o entendimento que eles tinham de Deus e de seu relacionamento com Ele. Eles ficaram com raiva de Paulo, mas se Paulo estiver falando a verdade, eles devem ficar com raiva é de Deus. Essa era uma situação inaceitável para eles. A única outra opção seria reconhecer que Deus aceita os gentios e se submeter a Sua vontade.

O comandante mandou os soldados açoitarem Paulo. O comandante ficou surpreso quando Paulo se identificou como cidadão romano e encerrou a punição de Paulo. Era ilegal açoitar um cidadão romano sem que ele tenha sido considerado culpado. De acordo com a lei romana, todos os cidadãos romanos eram excluídos de qualquer forma de punição degradante como açoites e crucificação.

Paulo nos mostra que testemunhar não é complicado. Compartilhamos a nossa história de como éramos antes de Deus nos salvar. Depois, podemos compartilhar sobre a diferença que Deus fez nas nossas vidas. Deus deu a Paulo coragem para compartilhar sua história de salvação. Mesmo que a multidão tenha rejeitado a mensagem de Paulo, Deus lhe deu coragem para falar e lhe ensinou o que dizer.

Deus fará o mesmo por nós ao compartilharmos a nossa história com os outros.

PALAVRAS DA NOSSA FÉ

açoitar – bater severamente com um açoite (chicote). Um açoite é uma tira de couro com um metal anexado nas suas pontas.

um zelote – era um membro de um grupo patriota de judeus na Judeia nos dias da Igreja Primitiva. Eles queriam derrubar o poder romano. Eles resistiam ao governo romano de forma vigorosa e violenta.

testificar – falar sobre alguma coisa. As pessoas que acreditam em Jesus contam aos outros sobre Ele, como Ele é o filho de Deus e quer ser o nosso Salvador. Um **testemunho** é quando os cristãos contam sobre sua experiência com Deus.

ATIVIDADE

Você precisará dos seguintes itens para essa atividade:
- Papel para cada criança
- Lápis para cada criança
- Quadro de giz e giz ou lousa branca e canetinhas

Antes da aula, escreva brevemente uma biografia de sua vida. Inclua tanto o seu lugar de nascimento, quanto a sua família, lugares que você morou, escola e trabalho. Se você tiver alguma, traga uma foto de sua infância para mostrar para a classe. Escreva sobre a sua experiência na igreja, como a idade quando você começou a frequentar a igreja, sua conversão e conquistas espirituais.

Escreva na lousa os tópicos a seguir: nascimento, lugares que já morou, família, escola, trabalho ou *hobbies* e igreja. Na classe, diga: **Uma biografia é a história da vida de alguém. Uma biografia contém a informação escrita na lousa e, talvez, outros tópicos também. Aqui está uma pequena biografia sobre mim.** Leia a sua biografia.

Se o tempo permitir, deixe as crianças escreverem a informação sobre cada tópico na lousa. Se o tempo for curto, peça para voluntários se colocarem de pé e falarem brevemente sobre cada um dos tópicos.

Diga: **Nesse estudo, vimos que Paulo teve a oportunidade de testemunhar aos outros. Ele testemunhou quando ele contou a história de sua vida e sua história espiritual. Ele falou como ele se tornou um seguidor de Jesus. Você pode testemunhar aos outros quando você conta a sua história e o seu amor por Jesus.**

LIÇÃO BÍBLICA

Prepare a história bíblica baseada nos versículos bíblicos dessa lição.

Uma versão fácil de ler dessa lição está impressa no fim desse livro, nas páginas 113-142.

As crianças entenderão melhor essa lição se você contar a história para elas, ao invés de ler.

Depois da história, motive as crianças a responderem as perguntas a seguir. Não há respostas certas ou erradas. Essas perguntas ajudam as crianças a entenderem as histórias e aplicá-las em suas vidas.

1. **Os judeus da Ásia espalharam mentiras sobre Paulo e o que ele ensinou. Você já ouviu alguém contar alguma coisa que você sabia que era falsa? O que você fez sobre isso? É correto espalhar essas mentiras? Por que ou por que não?**
2. **Quando a multidão ficou violenta e gritou: "Tira esse homem da face da terra!", como será que Paulo se sentiu? Você acha que Deus estava com Paulo naquele momento? Explique a sua resposta.**
3. **Por que será que Paulo queria falar com a multidão e contar a sua história?**
4. **Em que Paulo se assemelha com os outros judeus nessa história? Como ele se distancia? Por que isso é importante?**

Diga: **Você já ficou nervosa quando ia falar com alguém? E falar na frente de um grupo? Essas coisas podem nos deixar nervosos, porque sentimos que não sabemos o que dizer ou fazer. Às vezes, falar com outros sobre o evangelho é bem assim. Não sabemos como falar com as pessoas sobre isso e o que fazer. Mas, Deus nos ensinará. Ele irá mostrar para mim e para você o que fazer e o que dizer para alguém que Ele lhe pediu para falar sobre Ele. Deus simplesmente quer que estejamos dispostos a falar com as pessoas sobre o evangelho. Ele vai tomar conta do restante dos detalhes. Tudo o que temos que fazer é estarmos dispostos a fazermos o que Ele pede.**

VERSÍCULO PARA MEMORIZAÇÃO

Pratique o Versículo para Memorização do estudo. Você encontrará sugestões de atividades para o Versículo de Memorização nas páginas 111-112.

ATIVIDADES ADICIONAIS

Escolha uma dessas opções para incrementar o estudo bíblico das crianças.

1. Você precisará de um saquinho de feijão ou uma pedra pequena.

Prepare várias folhas de papel. Escreva uma dessas palavras em cada papel: família, amigos e vizinho. Dobre os papéis no meio e coloque-os aleatoriamente no chão em volta da sala.

Chame um voluntário. Dê o saquinho de feijão para o voluntário e deixe a criança tentar jogar em um dos papéis. Se bater em um papel, o voluntário pega o papel e lê a palavra. Peça para a criança dizer o nome de uma pessoas naquela categoria para quem ela pode falar de Jesus. Continue até que cada criança participe ou o tempo se esgote.

Diga: **Paulo constantemente falava às pessoas sobre Jesus. Por onde quer que ele fosse, ele contava a sua história e seu amor por Jesus. Você também pode fazer isso**.

2. Diga: **Paulo pediu ao comandante para deixá-lo falar com a multidão enfurecida em Jerusalém**. Peça para as crianças conversarem sobre a razão que levou Paulo a querer que a multidão ouvisse seu lado da história. Ele precisava declarar a sua inocência? Faça perguntas, como: Ele precisava preservar a sua reputação? Como é que ele acalmou a multidão? Era essa mais uma oportunidade de contar para a multidão a história da conversão e do chamado dele?

PERGUNTAS PARA COMPETIÇÃO BÁSICA

Para preparar as crianças para a competição, leia Atos 21:27–22:3, 17-29 para elas.

1 Quem é que os judeus julgaram que Paulo tinha introduzido no templo? (21:29)
1. Pedro
2. Cornélio
3. **Trófimo**

2 O que aconteceu imediatamente depois que os judeus arrastaram Paulo para fora do Templo? (21:30)
1. Eles mataram Paulo.
2. Paulo recuperou suas forças.
3. **As portas foram fechadas.**

3 Em Jerusalém, o que a multidão fez quando eles viram o comandante e seus soldados? (21:32)
1. Eles se dispersaram.
2. **Eles pararam de espancar Paulo.**
3. As duas respostas estão corretas.

4 Em Jerusalém, quem prendeu Paulo e ordenou que ele fosse amarrado com duas correntes? (21:33)
1. **O comandante**
2. A multidão
3. Os oficiais de Jerusalém

5 Por que os soldados carregaram Paulo para subir as escadas? (21:35)
1. Porque Paulo não conseguia andar.
2. Porque Tiago tentou impedir Paulo de partir.
3. **Porque a violência do povo era muito grande.**

6 Em que língua Paulo falou com a multidão em Jerusalém? (21:40)
1. **Aramaico**
2. Grego
3. Latim

7 O que a multidão fez quando ela ouviu Paulo falar em Aramaico? (22:2)
1. Começou a tumultuar.
2. **Ficou em absoluto silêncio.**
3. Creu em Jesus Cristo imediatamente.

8 Para onde o Senhor disse que enviaria Paulo? (22:21)
1. Para as pessoas em Jerusalém
2. Para um local desconhecido
3. **Para longe dos gentios**

9 O que Paulo disse quando o comandante lhe perguntou se ele era um cidadão romano? (22:27-28)
1. **"Sim, sou. Por direito de nascimento."**
2. "Não, eu só estava brincando."
3. "Eu sou cidadão do Reino de Deus."

10 Complete o versículo: ""Agora, pois, vá; eu estarei com você..." (Êxodo 4:12)
1. "…protegendo-lhe de todo o mal."
2. "…e o recompensarei grandemente."
3. **"…ensinando-lhe o que dizer."**

PERGUNTAS PARA COMPETIÇÃO AVANÇADA

Para preparar as crianças para a competição, leia Atos 21:27–22:3, 17-29 para elas.

1 O que aconteceu enquanto a multidão tentava matar Paulo? (21:31)
1. Os gregos dominaram o templo.
2. **As notícias chegaram ao comandante das tropas.**
3. Paulo foi levado aos céus.
4. Todos os judeus foram exterminados.

2 O que o comandante ordenou que fosse feito? (21:33)
1. **Ele ordenou que Paulo fosse amarrado com duas correntes.**
2. Ele ordenou que seus soldados executassem Paulo.
3. Ele ordenou que Paulo recebesse um julgamento justo.
4. Ele ordenou que seus soldados se defendessem.

3 Por que o comandante ordenou que Paulo fosse levado para a fortaleza? (21:34)
1. Porque Paulo era desafiador
2. Porque a multidão o amava e queria que ele ficasse em sua cidade
3. **Porque ele não conseguia saber o que havia acontecido por causa do tumulto**
4. Todas as respostas estão corretas

4 Quem é que o comandante achou que Paulo era? (21:38)
1. Um falso profeta
2. Um fugitivo
3. Uma pessoa muito perigosa
4. **Um egípcio que iniciou uma revolta**

5 O que aconteceu quando a multidão ouviu que Paulo lhes falava em aramaico? (22:2)
1. **Eles ficaram em absoluto silêncio.**
2. Eles ficaram ofendidos.
3. O Espírito Santo desceu sobre todos eles.
4. O comandante o impediu de falar.

6 O que aconteceu com Paulo quando ele estava orando no templo em Jerusalém? (22:17-21)
1. Paulo caiu em êxtase.
2. O Senhor disse para Paulo sair de Jerusalém, porque as pessoas não aceitariam seu testemunho sobre Deus.
3. O Senhor disse que enviaria Paulo para os gentios.
4. **Todas as respostas estão corretas.**

7 O que Paulo fez quando o sangue de Estevão foi derramado? (22:20)
1. Ele tentou parar os que estavam matando Estevão.
2. Ele virou o rosto, para não precisar ver.
3. **Ele estava lá, dando a sua aprovação.**
4. Ele não fez nada.

8 O que Paulo perguntou ao centurião se ele tinha direito de fazer? (22:25)
1. **Açoitar um cidadão romano sem que ele tivesse sido condenado**
2. Prender alguém sem provas
3. Matar alguém sem notificar a sua família
4. Açoitar alguém sem um julgamento justo

9 Qual foi a resposta de Paulo quando o comandante lhe perguntou: "Você é cidadão romano?" (Atos 22:27)
1. "Não, eu não sou."
2. "Eu nasci cidadão romano, mas não sou mais."
3. **"Sim, sou."**
4. "Eu não vou te contar."

10 Em Jerusalém, por que o comandante ficou alarmado? (22:29)
1. Porque Paulo ficou doente na prisão
2. Porque Paulo escapou da prisão
3. Porque ele não sabia o que fazer com Paulo
4. **Porque ele havia prendido um cidadão romano**

ESTUDO DEZESSETE

ATOS 22:30–23:24, 31-35

Um Juramento Assassino

VERSÍCULO PARA MEMORIZAÇÃO

"Nele temos colocado a nossa esperança de que continuará a livrar-nos." (2 Coríntios 1:10*b*)

VERDADE BÍBLICA

Deus se preocupa conosco e nos livra.

DICA DE ENSINO

Parede branqueada é pintada de cal. Em Mateus, Jesus comparou os fariseus a sepulcros caiados. Uma parede branqueada pode parecer bonita, mas não está limpa por baixo.

Lembre as crianças que elas devem contar para um adulto confiável quando alguém as machuca, faz algo que machuca alguém ou ameaça machucar alguém. Contar é a coisa certa a fazer para manter os outros em segurança.

COMENTÁRIO BÍBLICO

Mais uma vez, Paulo está passando por problemas e Deus o livra.

O comandante de Jerusalém conseguiu que o Sinédrio se reunisse para determinar por que os judeus estavam se opondo a pregação de Paulo. Paulo esclareceu que ele foi obediente a Deus pregando sobre a ressurreição dos mortos. Com raiva, o sumo sacerdote ordenou aos que estavam ao lado de Paulo que batessem nele. Isso deu a Paulo a possibilidade de expor o seu conhecimento da lei. Então, ele revelou o seu *status* como fariseu e sua crença na ressurreição.

Os fariseus e saduceus eram rivais políticos e religiosos. Os saduceus não acreditavam na ressurreição, em anjos nem em espíritos. Entretanto, os fariseus acreditavam nessas coisas. Esses dois grupos buscavam a atenção do povo judeu. Eles sempre se preocupavam mais em estarem certos do que com a aprovação de Deus. Isso acabou sendo vantagem para Paulo, já que a violenta discussão levou o comandante a levar Paulo de volta para a fortaleza.

Na próxima noite, o Senhor visitou Paulo. Ele lhe disse para ser corajoso. Paulo estava indo para Roma, capital do Império, para testemunhar sobre Jesus. Paulo foi encorajado e lembrado de que Deus é soberano, mesmo em ciscunstâncias caóticas.

Em Jerusalém, a vida de Paulo ainda estava em perigo. O sobrinho de Paulo revela uma conspiração dos oficiais romanos. Alguns judeus planejavam matar Paulo. O comandante ouviu o sobrinho de Paulo. Já que o comandante acreditava na inocência de Paulo, ele fez o que pôde para mantê-lo seguro. A vida de Paulo foi poupada e ele conseguiu continuar a espalhar o evangelho.

PALAVRAS DA NOSSA FÉ

soberano – ser soberano significa ter o poder de governar sem limites. Deus é soberano. Seu poder para reinar não está limitado de nenhuma forma, exceto quando Ele mesmo se limita.

ATIVIDADE

Você precisará dos seguintes itens para essa atividade:
- Folhas de papel
- Caneta
- Quadro de giz e giz ou lousa branca e canetinhas

Antes da aula, escreva cada parte dos pares em pedaços de papéis separados:

Jonas | um grande peixe
Os israelitas | o Mar Vermelho
Os três homens hebreus | a fornalha ardente
Davi | Golias
Elias | os profetas de Baal no monte Carmelo
José | prisão

Se as crianças não estiverem familiarizadas com essas histórias, escolha outras que falem de pessoas fiéis em situações difíceis.

Escreva o Versículo para Memorização na lousa (2 Coríntios 1:10*b*).

Na classe, diga: **A Bíblia fala de muitas pessoas que Deus resgatou de situações difíceis.** Distribua os papéis com as pessoas e as situações difíceis. Peça para as crianças encontrarem a pessoa que tem o papel que combina com o que elas têm. Quando as crianças encontrarem o par certo, peça para elas lerem juntos as palavras de 2 Coríntios 1:10b. Quando todos os pares estiverem formados, peça para a turma inteira ler 2 Coríntios 1:10*b*.

Diga: **Deus ainda cuida de nós hoje. Ele nos ajuda quando passamos por situações difíceis. Nós podemos orar e pedir a ajuda dEle.** Pergunte às crianças se elas sabem de qualquer pessoa passando por uma situação difícil. Talvez alguma criança ou alguma família tenha passado por uma experiência de doença ou tragédia. Dedique um tempo para orar por essas situações.

LIÇÃO BÍBLICA

Prepare a história bíblica baseada nos versículos bíblicos dessa lição.

Uma versão fácil de ler dessa lição está impressa no fim desse livro, nas páginas 113-142.

As crianças entenderão melhor essa lição se você contar a história para elas, ao invés de ler.

Depois da história, motive as crianças a responderem as perguntas a seguir. Não há respostas certas ou erradas. Essas perguntas ajudam as crianças a entenderem as histórias e aplicá-las em suas vidas.

1. **Como será que Paulo se sentiu ao ficar diante do Sinédrio? Como é que ele respondeu à ordem do sumo sacerdote para os que estavam perto lhe batessem na boca?**
2. **O Senhor encorajou Paulo a confiar nEle. Como é que você pode confiar em Deus quando parece que as coisas estão dando errado?**
3. **Porque será que os judeus estavam com tanta raiva de Paulo que eles até fizeram um juramento para matá-lo?**
4. **Como é que você teria se sentido se você fosse o sobrinho de Paulo e ti-**

vesse ouvido sobre a emboscada para matá-lo? O que você teria feito?
5. Você já passou pela experiência de ter que dizer para alguém sobre algo que você viu ou ouviu como o sobrinho de Paulo fez?

Diga: **O sobrinho de Paulo teve conhecimento de um plano bem assustador de alguns judeus para matar Paulo. Seu sobrinho estava no lugar certo, na hora certa. Ele correu para contar a Paulo o que ele tinha ouvido e Paulo lhe disse para quem mais ele deveria contar. O comandante romano cuidou para que Paulo fosse transferido para Cesareia sem ser machucado. Deus cuidou de Paulo e o livrou em um momento de necessidade. Deus faz o mesmo por nós.**

VERSÍCULO PARA MEMORIZAÇÃO

Pratique o Versículo para Memorização do estudo. Você encontrará sugestões de atividades para o Versículo de Memorização nas páginas 111-112.

ATIVIDADES ADICIONAIS

Escolha uma dessas opções para incrementar o estudo bíblico das crianças.

1. Diga: **O sobrinho de Paulo salvou a vida de Paulo ao contar ao comandante sobre a conspiração maligna. Era importante para o sobrinho contar o que ele havia ouvido. Às vezes, as crianças perturbam o irmão ou irmã, ou outra criança, para arrumar problemas para essa criança. Geralmente é algo insignificante, mas que pode levar um adulto a punir a outra criança.** Peça para as crianças conversarem sobre quando é importante contar para um adulto sobre o que eles veem ou ouvem. Escreva essas ideias no quadro. Por exemplo: quando uma criança se machuca ou machuca outros; quando uma criança ameaça outra criança ou pessoa; quando uma criança fala sobre se matar; quando uma criança rouba alguma coisa; quando uma criança se envolve com drogas ilegais ou álcool.

Diga: **Foi importante para o sobrinho de Paulo contar o que ele tinha ouvido. Ele salvou a vida de seu tio.**

2. Fale sobre as várias experiências de vida que amedrontam as crianças. Por exemplo: ficar perdido; ficar sozinho em uma tempestade; um desastre natural; enfermidade com febre alta; morte de um membro da família; discussões entre membros da família. Forneça materiais para as crianças desenharem uma experiência que lhes amedrontaria. Peça para voluntários dizerem o que eles desenharam. Encerre a aula com oração. Peça para as crianças levantarem os papéis para Deus e dizerem para Deus que elas confiam nEle para ajudá-las naquelas situações. Recite 2 Coríntios 1:10*b* com as crianças.

PERGUNTAS PARA COMPETIÇÃO BÁSICA

Para preparar as crianças para a competição, leia Atos 22:30–23:24, 31-35 para elas.

1 O que Ananias, o sumo sacerdote, ordenou que as pessoas que estavam perto de Paulo fizessem? (23:2)
1. Batessem nas costas de Paulo
2. **Batessem na boca de Paulo**
3. Matassem Paulo

2 O que Paulo disse depois que ele insultou o sumo sacerdote? (23:4-5)
1. "Eu não sabia que ele era o sumo sacerdote."
2. "Pois está escrito: 'Não fale mal de uma autoridade de seu povo.'"
3. **As duas respostas estão corretas.**

3 O que aconteceu depois que Paulo disse que ele estava sendo julgado por causa da sua esperança na ressurreição dos mortos? (23:6-7)
1. Paulo foi liberado.
2. **Surgiu uma violenta discussão entre os fariseus e saduceus.**
3. Paulo foi condenado à prisão perpétua.

4 O que o comandante temeu que acontecesse com Paulo, quando a discussão tornou-se tão violenta? (23:10)
1. **Que Paulo fosse despedaçado por eles.**
2. Que Paulo escapasse no meio da multidão.
3. As duas respostas estão corretas.

5 Quando esteve em Jerusalém, quem ficou ao lado de Paulo e o encorajou? (23:11)
1. O comandante
2. Os discípulos
3. **O Senhor**

6 Quem formou uma conspiração e se comprometeu com um juramento de não comer nem beber até que matasse Paulo? (23:12)
1. Os discípulos
2. **Alguns judeus em Jerusalém**
3. As duas respostas estão corretas

7 Quando é que os judeus planejavam matar Paulo em Jerusalém? (23:15)
1. Quando ele fosse preso
2. **Quando ele estivesse à caminho do Sinédrio**
3. Quando ele estivesse em um navio para Roma

8 Quem tomou conhecimento da emboscada para matar Paulo? (23:16)
1. A irmã de Paulo
2. O cunhado de Paulo
3. **O filho da irmã de Paulo**

9 Por que o comandante deu ordens para que 200 soldados, 70 cavaleiros e 200 lanceiros fossem para Cesareia? (23:23-24)
1. Para lutar contra os judeus
2. **Para levarem Paulo em segurança ao governador Félix**
3. Para auxiliarem os judeus no assassinato de Paulo

10 Onde é que Paulo deveria ficar na Cesareia? (23:35)
1. Na prisão
2. **No palácio de Herodes**
3. As duas respostas estão corretas

PERGUNTAS PARA COMPETIÇÃO AVANÇADA

Para preparar as crianças para a competição, leia Atos 22:30–23:24, 31-35 para elas.

1 O que o comandante fez no dia após ele ter prendido Paulo? (22:30)
1. Ele queria descobrir exatamente por que Paulo estava sendo acusado pelos judeus.
2. Ele libertou Paulo.
3. Ele ordenou que se reunissem os chefes dos sacerdotes e todo o Sinédrio.
4. **Todas as respostas estão corretas.**

2 Do que Paulo chamou Ananias, o sumo sacerdote? (23:3)
1. Homem maligno
2. **Parede branqueada**
3. Homem de Deus
4. Pessoa graciosa

3 O que Paulo disse que o sumo sacerdote, Ananias, fez ao mandar baterem nele? (23:3)
1. Cometeu um grande pecado
2. Machucaram seus sentimentos
3. **Violaram a lei**
4. Todas as respostas estão corretas

4 Por que surgiu uma violenta discussão entre os fariseus e os saduceus? (23:7-8)
1. Os saduceus dizem que não existe ressurreição.
2. Os saduceus dizem que não existem nem anjos nem espíritos.
3. Os fariseus reconhecem a ressurreição, anjos e espíritos.
4. **Todas as respostas estão corretas.**

5 Numa visão, ainda em Jerusalém, onde é que o Senhor disse que Paulo iria testemunhar? (23:11)
1. **Em Roma**
2. Em Samaria
3. Na Judeia
4. Na Ásia

6 O que mais de quarenta homens se envolveram para fazer? (23:12-13)
1. Uma conspiração
2. Um voto de não comerem nem beberem
3. Uma emboscada para matar Paulo
4. **Todas as respostas estão corretas**

7 O que é que o sobrinho de Paulo fez quando ele tomou conhecimento da emboscada para pegar Paulo? (23:16)
1. Ele guardou segredo.
2. Ele formou um exército para lutar contra os judeus.
3. **Ele foi à fortaleza contar tudo a Paulo.**
4. Ele orou pela proteção de Deus.

8 Quem é que o comandante mandou ir para Cesareia às nove horas da noite na mesma noite que ele ficou sabendo da emboscada? (23:23)
1. 200 soldados
2. 70 cavaleiros
3. 200 lanceiros
4. **Todas as respostas estão corretas.**

9 Em Cesareia, onde é que Paulo deveria ser mantido sob custódia? (23:35)
1. Na casa do governador
2. Na prisão
3. **No palácio de Herodes**
4. Nas ruas

10 De acordo com 2 Coríntios 1:10b, o que Paulo disse que Deus continuaria a fazer? (2 Coríntios 1:10b)
1. Deus continuaria a chamar os apóstolos para serví-Lo.
2. Deus continuaria a nos servir
3. **Deus continuaria a livrar-nos**
4. Deus nos encontraria quando mais precisássemos dEle

ESTUDO DEZOITO

ATOS 25:23–26:32

O Testemunho Vivo de Paulo

VERSÍCULO PARA MEMORIZAÇÃO

"Pois não podemos deixar de falar do que vimos e ouvimos."
(Atos 4:20)

VERDADE BÍBLICA

Deus quer que testemunhemos o Seu trabalho em nossas vidas.

DICA DE ENSINO

Os editores optaram por não incluir Atos 24:1–25:22 nas leituras dessa lição. Eles fizeram isso para economizar espaço, e porque muitas das coisas que acontecem nesses capítulos são recontadas em outras passagens.

Leia esses textos e faça um resumo deles para as suas crianças. É muito interessante ler sobre o testemunho de Paulo e como ele rebateu às acusações trazidas contra ele. Ele é um bom exemplo a seguir. Ele foi cordial, mas ao mesmo tempo direto com os seus acusadores. Um resumo dessa sessão ajudará as crianças a entenderem melhor todo o livro de Atos.

COMENTÁRIO BÍBLICO

Festo era o governador romano da Judeia. Ele administrava a lei romana. Festo tinha sido indicado recentemente, então ele pediu a ajuda do rei Agripa e da rainha Berenice, irmã de Agripa, para ajudá-lo a solidificar seu relatório sobre Paulo para César. Festo esperava se absolver da responsabilidade apelando a Agripa.

O testemunho de Paulo para o rei Agripa incluía uma declaração de Jesus (no caminho para Damasco): "Resistir ao aguilhão só lhe trará dor" (26:14). Os pastores usavam varas com pontas afiadas chamadas aguilhões para colocar o gado na direção certa. Então, o provérbio que Paulo citou era sobre uma resistência inútil. A resistência do animal só o machucaria. Antes de sua conversão, Paulo lutou contra Deus. Paulo reconheceu que era prejudicial para ele resistir a Deus. Ele mudou seu pensamento e começou a servir a Jesus ao invés de persegui-Lo.

A interrupção de Festo no discurso de Paulo em 26:24, na verdade, serviram para enfatizar o último ponto de Paulo: a ressurreição de Jesus. É a esperança na ressurreição que inspirou Paulo a pregar as boas novas aos gentios, o que acabou irritando a tradição judaica estabelecida. Festo pensou que a crença de Paulo na ressurreição era loucura.

Agripa notou que o conflito de Paulo com os judeus era de natureza religiosa e separado das questões legais de Roma. Paulo escolheu apelar seu caso para o imperador romano. Se não tivesse feito isso, Agripa e Festo poderiam ter libertado-o.

A viagem de Paulo quase tinha acabado. Ele começou em Jerusalém e depois espalhou o evangelho por toda a província da Judeia. Ele declarava a história de um Jesus ressurreto aos reis e imperadores no seu caminho. Eventualmente, ele pregaria em Roma, o centro do mundo antigo e, depois, até os confins da terra.

PALAVRAS DA NOSSA FÉ

Judeia – a terra natal dos israelitas. Um pouco antes do tempo de Jesus, ela foi conquistada pelos romanos e tornou-se parte de seu império.

ATIVIDADE

Você precisará dos seguintes itens para essa atividade:
- Quadro de giz e giz ou lousa branca e canetinhas

Antes da aula, escreva as palavras de Atos 4:20 no quadro. Também escreva a seguinte frase: "Eu vou para Roma e eu vou levar _____."

Na aula, diga: **No estudo de hoje, Paulo falou com o Rei Agripa. Agripa não achou que Paulo havia quebrado nenhuma lei romana. Entretanto, Paulo já tinha apelado o seu caso para César. Então, Paulo iria a Roma, capital do império, para apresentar seu caso ali.**

Vamos brincar de um jogo de viagem. Pense em algo que você levaria para uma grande cidade como Roma. Cada pessoa dirá: "Eu vou para Roma e eu vou levar _____." Você diz o que você vai levar. Entretanto, você precisa ouvir com cuidado e lembrar o que cada pessoa diz que vai levar.

Quando todos já tiverem participado, peça para um voluntário repetir o que todos disseram. Por exemplo, um voluntário pode dizer: "Eu vou para Roma e vou levar um _____. Maria vai para Roma e ela vai levar um _____. João vai para Roma e ele vai levar uma _____."

Outra versão do jogo apresenta mais desafios. A primeira pessoa diz: "Eu vou para Roma e vou levar um _____." A segunda pessoa diz: "(o nome da primeira criança) vai para Roma e ele vai levar um _____. Eu vou para Roma e eu vou levar uma _____." A terceira criança repete os nomes e os objetos das primeiras duas pessoas e depois fala o seu nome e objeto. A última criança repete o nome de todo mundo e todos os objetos. Diga: **Onde quer que você vá – para Roma ou qualquer outro lugar, Deus quer que você diga aos outros sobre Seu amor e sobre o Seu Filho, Jesus.**

Leiam juntos Atos 4:20.

LIÇÃO BÍBLICA

Prepare a história bíblica baseada nos versículos bíblicos dessa lição.

Uma versão fácil de ler dessa lição está impressa no fim desse livro, nas páginas 113-142.

As crianças entenderão melhor essa lição se você contar a história para elas, ao invés de ler.

Depois da história, motive as crianças a responderem as perguntas a seguir. Não há respostas certas ou erradas. Essas perguntas ajudam as crianças a entenderem as histórias e aplicá-las em suas vidas.

1. **Como será que Paulo se sentiu quando ele ouviu Festo dizer ao rei que precisava de ajuda, já que ele não encontrava nenhuma razão para punir Paulo com um crime?**

2. Por que será que Paulo queria contar a sua história ao Rei Agripa?
3. Quando Paulo testemunhou ao Rei Agripa, Paulo apontou a mudança que aconteceu em sua vida depois do seu encontro com Jesus. Se você é cristão, o que mudou na sua vida agora em relação ao tempo antes de conhecer a Cristo?
4. Paulo disse ao rei Agripa sobre tudo o que era necessário para tornar-se cristão. Se você tivesse que contar para alguém sobre ser cristão, o que você diria?

Diga: **Paulo ficou diante do rei Agripa e lhe contou sobre como ele era antes de conhecer a Jesus e quem ele passou a ser depois que Jesus mudou a sua vida. Poderia ter sido algo muito ruim para Paulo contar como ele foi ruim antes de ser cristão. Mas Paulo sabia que a parte importante de sua história era que Deus o havia transformado. Ele queria que todos ouvissem sobre isso para que eles também pudessem ser transformados.**

VERSÍCULO PARA MEMORIZAÇÃO

Pratique o Versículo para Memorização do estudo. Você encontrará sugestões de atividades para o Versículo de Memorização nas páginas 111-112.

ATIVIDADES ADICIONAIS

Escolha uma dessas opções para incrementar o estudo bíblico das crianças.

1. Diga: **Transformar alguma coisa é fazê-la diferente. Deus transforma uma pessoa quando ela se torna cristã. Essa transformação não acontece instantaneamente. Ela acontece na medida que a pessoa aprende da Palavra de Deus, ora pedindo a ajuda de Deus e ouve a direção do Espírito Santo.**

Em um quadro de giz ou em um papel grande, faça duas colunas. Em uma coluna, escreva as atitudes e ações de uma pessoa que não é cristã. Na segunda coluna, escreva as atitudes e ações de um cristão em crescimento. Ajude as crianças a perceberem a diferença que Deus pode fazer na vida de uma pessoa.

Diga: **Paulo contou como Deus transformou a sua vida. Primeiro, ele odiava os cristãos e os enviava para a prisão. Depois, ele se tornou um cristão. Ele precisava mudar muitas de suas atitudes e ações. Depois, ele escreveu algumas cartas que viraram livros da Bíblia. Nessas cartas, ele conta o que os cristãos devem fazer para viver uma vida santa.**

2. Diga: **Por três vezes as autoridades romanas declararam que Paulo era inocente das acusações que as pessoas haviam levado contra ele. Vamos rever o que eram essas acusações e quem as havia levado.**

Divida a turma em três equipes. Dê a cada pessoa da equipe uma das seguintes passagens: Atos 23:6-10; Atos 25:25-27; Atos 26:30-32. Peça para as equipes relatarem quem trouxe as acusações, quais eram as acusações e quais foram os resultados.

PERGUNTAS PARA COMPETIÇÃO BÁSICA

Para preparar as crianças para a competição, leia Atos 25:23–26:32 para elas.

1 Quem chegou com grande pompa e entrou na sala de audiências? (25:23)
1. Agripa
2. Berenice
3. **As duas respostas estão corretas**

2 Por que Festo levou Paulo perante Agripa? (25:26)
1. Festo estava com raiva de Paulo e queria que outra pessoa o punisse.
2. **Festo queria saber o que escrever sobre Paulo nas cartas para César.**
3. Festo queria que Agripa tivesse fé em Jesus.

3 Por que Paulo se considerou feliz por estar na presença do rei Agripa? (26:2-3)
1. Porque Agripa não era judeu
2. **Porque Agripa era familiarizado com os costumes judaicos**
3. Porque Agripa era rico e poderoso

4 O que Paulo pediu que o rei Agripa fizesse? (26:3)
1. Libertasse-o
2. Punisse os judeus
3. **Ouvisse-o atentamente**

5 Quem é que Paulo disse que ele colocou na prisão em Jerusalém? (26:10)
1. Aqueles que não pagaram o imposto
2. **Muitos dos santos**
3. O governador de Jerusalém

6 Para onde Paulo estava indo quando uma luz vinda do céus brilhou ao seu redor? (26:12-13)
1. Jerusalém
2. Emaús
3. **Damasco**

7 Para quem Jesus proclamaria a mensagem de luz? (26:23)
1. Para o seu próprio povo
2. Para os gentios
3. **As duas respostas estão corretas**

8 Quem disse que Paulo estava louco? (26:24)
1. Agripa
2. **Festo**
3. Berenice

9 O que é que Paulo disse sobre ele mesmo durante o seu discurso para Festo? (26:25)
1. "Não estou louco, excelentíssimo Festo."
2. "O que estou dizendo é verdadeiro e de bom senso."
3. **As duas respostas estão corretas.**

10 O rei Agripa era familiarizado com o quê? (26:25-26)
1. Com todas as leis de Moisés.
2. **Com as coisas que Paulo estava dizendo.**
3. As duas respostas estão corretas.

PERGUNTAS PARA COMPETIÇÃO AVANÇADA

Para preparar as crianças para a competição, leia Atos 25:23–26:32 para elas.

1 Como é que o rei Agripa e a rainha Berenice entraram na sala de audiências? (25:23)
1. Eles entraram com grande pompa.
2. Eles entraram com os altos oficiais.
3. Eles entraram com os homens importantes da cidade.
4. **Todas as respostas estão corretas.**

2 Por que Festo decidiu enviar Paulo a Roma? (25:25)
1. Porque Paulo merecia ser executado
2. **Porque Paulo apelou ao imperador**
3. Porque Félix disse para enviá-lo para lá
4. Porque Paulo ofendeu Festo

3 Quem deu a Paulo permissão para falar em sua defesa? (26:1)
1. Festo
2. O comandante
3. **Agripa**
4. Todas as respostas estão corretas

4 Pelo que Paulo disse que estava sendo julgado? (26:6)
1. Porque os judeus o odiavam
2. **Porque ele tinha esperança no que Deus prometeu aos seus antepassados**
3. Porque ele pregava aos gentios
4. Porque Festo não conseguia decidir o futuro de Paulo

5 O que Paulo viu no caminho para Damasco? (26:13)
1. Um anjo do Senhor
2. Nada
3. Um mendigo paralítico
4. **Uma luz do céu**

6 O que é que Paulo fazia antes de ver Jesus no caminho para Damasco? (26:9-10)
1. **Ele fazia todo o possível para se opor ao nome de Jesus.**
2. Ele apoiava a igreja em tudo o que ela fazia.
3. Ele trabalhava como um cobrador de impostos.
4. Ele criou seus filhos.

7 Que mensagem Paulo pregou em Damasco, Jerusalém e em toda a Judeia? (26:19-20)
1. Que eles deviam se arrepender
2. Que eles deviam se voltar para Deus
3. Que eles deviam praticar obras que mostrassem o seu arrependimento
4. **Todas as respostas estão corretas.**

8 O que Festo disse que estava levando Paulo à loucura? (26:24)
1. **As muitas letras**
2. Seus ensinos inacreditáveis
3. Sua sentença penal
4. Sua fé inabalável

9 O que Agripa disse para Festo? (26:32)
1. **"Ele poderia ser posto em liberdade, se não tivesse apelado para César."**
2. "Ele não deveria ter pregado para os gentios."
3. "Ele quebrou a lei e deve ser punido."
4. "Certamente ele é um anjo de Deus e não um homem."

10 O que é que Pedro e João responderam quando lhe disseram para eles não falarem nem ensinarem em nome de Jesus? (4:20)
1. **"Não podemos deixar de falar do que vimos e ouvimos."**
2. "Você não deveria julgar os outros."
3. "Não nos ameacem!"
4. Todas as respostas estão corretas.

ESTUDO DEZENOVE

ATOS 27:1-2, 9-26, 33-44

Fé Durante a Tempestade

VERSÍCULO PARA MEMORIZAÇÃO

"Apeguemo-nos com firmeza à esperança que professamos, pois aquele que prometeu é fiel." (Hebreus 10:23)

VERDADE BÍBLICA

Deus quer que coloquemos a nossa esperança nEle.

DICA DE ENSINO

Lembre as crianças que Deus é o verdadeiro herói nessa história. Deus enviou um anjo com uma mensagem para Paulo para verificar o seu cuidado constante. Deus tem diversas formas de mandar o seu encorajamento aos cristãos.

COMENTÁRIO BÍBLICO

A história da viagem marítima de Paulo até Roma parece com muitas outras em literatura grega. Ela é resultado de obediência e submissão, o oposto da jornada de Jonas no Antigo Testamento. A desobediência de Jonas ameaçou as vidas de todos no barco. A obediência de Paulo salvou as vidas de seus campanheiros de navegação.

Forças naturais, acima do controle dos marinheiros, destruíram o navio. Não havia direção de navegação das estrelas nem do sol, porque eles estavam bloqueados pela tempestade. Os navegadores experientes tentaram pelo menos quatro métodos para salvarem o navio. Primeiro, eles recolheram o barco salva-vidas. Em segundo lugar, lançaram mão de todos os meios para reforçar o navio com cordas. Depois, baixaram as velas e deixaram o navio à deriva. Por fim, começaram a lançar fora a carga. Apesar dessas medidas, a tempestade continuava a abater-se contra o navio. Os marinheiros perderam a esperança.

Paulo motivou seus companheiros de navio compartilhando a mensagem do anjo de que nenhum deles seria perdido. Ele demonstrou grande fé quando ele proclamou à tripulação a profecia do anjo. Paulo trouxe encorajamento aos seus companheiros de navegação durante a fúria da tempestade. É muito bom saber que Deus pode trazer paz a nós quando experimentamos o caos na vida.

PALAVRAS DA NOSSA FÉ

um anjo – uma mensageiro sobrenatural de Deus.

ATIVIDADE

Você precisará dos seguintes itens para essa atividade:

- Um adulto para contar a história de um naufrágio de forma dramática
- Algum tipo de fita no chão para marcar o contorno de um grande navio
- Um pouco de água para respingar nas crianças durante a tempestade
- Um ventilador para criar um pouco de vento

Antes da aula, use fita no chão para fazer o contorno de um grande navio. Faça-o grande o suficiente para que toda a classe possa sentar dentro dele. Peça para um adulto contar a história de um naufrágio de forma dramática. Peça para um ajudante ligar o ventilador e criar o vento na tempestade. Peça para um ajudante respingar água no ar simulando a chuva.

Na aula, diga: **Eu convido você para dar um passeio no meu navio e aqui está o nosso capitão.** Apresente o voluntário. Ele deve convidar as crianças para entrarem no navio. Então, ele deve recontar a história de Paulo e do naufrágio. O ajudante vai ligar o ventilador e respingar a água no momento certo da história.

Depois da história, agradeça ao voluntário. Diga: **Deus queria que Paulo fosse para Roma. Deus deu esperança a Paulo e aos outros marinheiros. Os marinheiros fizeram tudo o que podiam para tentar salvar o navio e eles mesmos – menos pedir a ajuda de Deus. Paulo ajudou os marinheiros sabendo quem é a verdadeira fonte de esperança. Deus salvou a vida de Paulo e de todos os que estavam no navio. Deus ainda traz esperança para as pessoas hoje, no meio das situações difíceis.**

LIÇÃO BÍBLICA

Prepare a história bíblica baseada nos versículos bíblicos dessa lição.

Uma versão fácil de ler dessa lição está impressa no fim desse livro, nas páginas 113-142.

As crianças entenderão melhor essa lição se você contar a história para elas, ao invés de ler.

Depois da história, motive as crianças a responderem as perguntas a seguir. Não há respostas certas ou erradas. Essas perguntas ajudam as crianças a entenderem as histórias e aplicá-las em suas vidas.

1. **Paulo sabia do perigo de navegar naquela época do ano e alertou aos outros. Você já se sentiu alertado sobre um perigo? O que aconteceu?**
2. **Mesmo sendo um prisioneiro, Paulo tinha esperança por causa de sua confiança em Deus. De quais maneiras Deus já ajudou você em situações difíceis?**
3. **Um anjo trouxe encorajamento a Paulo. Como é que Deus tem te encorajado? Como você tem sido uma fonte de encorajamento aos outros?**
4. **Qual foi a sua parte favorita dessa história bíblica? Por quê?**

Diga: **Paulo estava em uma situação difícil no navio, no meio de uma tempestade no oceano. Mas, ele teve esperança em Deus e Deus prometeu através de um anjo que ninguém do navio pereceria. Paulo colocou a sua esperança no lugar certo—em Deus.**

VERSÍCULO PARA MEMORIZAÇÃO

Pratique o Versículo para Memorização do estudo. Você encontrará sugestões de atividades para o Versículo de Memorização nas páginas 111-112.

ATIVIDADES ADICIONAIS

Escolha alguma dessas opções para incrementar o estudo bíblico das crianças.

1. Traga para a aula um lençol e uma bola leve. Peça para quatro crianças segurarem cada uma das pontas do lençol. Deixe as outras crianças segurarem o lençol pelos lados. As crianças balançarão o lençol para criar uma tempestade para o navio (a bola) no meio. Ao balançarem o lençol, as crianças devem evitar que a bola saia do lençol e caia no chão. Destaque que Deus protegeu Paulo e todos os que estavam no navio. Embora o navio tenha sido destruído, as pessoas sobreviveram.

2. Use o objeto dessa lição para falar sobre o cuidado de Deus pelos homens na tempestade. Antes da aula, pegue um pote (pode ser uma bacia) e um pouco de fruta com casca. Uma laranja, maçã ou banana devem dar certo. Encha o pote com água. Use a fruta para representar o navio que normalmente flutua na água. Aperte a fruta e note que ela flutua de volta para o topo da água.

Diga: **Na tempestade, as pessoas no navio pensaram que morreriam afogadas. Entretanto, Deus protegeu as pessoas. Mesmo quando o navio foi destruído, todas as pessoas nadaram para a costa e sobreviveram.**

PERGUNTAS PARA COMPETIÇÃO BÁSICA

Para preparar as crianças para a competição, leia Atos 27:1-2, 9-26, 33-44 para elas.

1 **Quando começou a navegação de Paulo? (27:9)**
1. Depois do Pentecoste
2. **Depois do Jejum**
3. Em dezembro

2 **Quem avisou que a viagem seria desastrosa e acarretaria grande prejuízo? (27:9-11)**
1. Júlio
2. O piloto e o dono do navio
3. **Paulo**

3 **O que desencadeou-se da ilha? (27:14)**
1. Um vento muito forte
2. O "Nordeste"
3. **As duas respostas estão corretas**

4 **O que os marinheiros fizeram temendo que o navio encalhasse nos bancos de areia de Sirte? (27:17)**
1. Eles baixaram as velas
2. Eles deixaram o navio à deriva
3. **As duas respostas estão corretas**

5 **O que os marinheiros lançaram fora no terceiro dia? (27:19)**
1. Os escravos
2. **A armação do navio**
3. A comida

6 **O que Paulo desafiou os homens a fazerem depois que eles perderam a esperança de que seriam salvos? (27:22)**
1. **Manterem a coragem**
2. Voltarem para casa
3. Chamassem socorro

7 **Durante a sua viagem no navio, no que Paulo estava crendo? (27:25)**
1. Que todos morreriam, menos ele
2. Que os moradores da ilha os atacariam
3. **Que tudo aconteceria do modo que Deus o havia dito**

8 **Depois de terem comido até ficarem satisfeitos, como é que os marinheiros aliviaram o peso do navio? (27:38)**
1. **Atirando todo o trigo ao mar**
2. Jogando os prisioneiros para fora
3. Soltando as âncoras

9 **O centurião queria poupar a vida de quem? (27:43)**
1. A vida de todos os marinheiros
2. Sua própria vida
3. **A vida de Paulo**

10 **Quem chegou a salvo em terra? (27:44)**
1. Somente os soldados
2. Somente os prisioneiros
3. **Todos**

PERGUNTAS PARA COMPETIÇÃO AVANÇADA

Para preparar as crianças para a competição, leia Atos 27:1-2, 9-26, 33-44 para elas.

1. Quem era Júlio? (27:1)
1. O soldado que acompanhou Paulo e outros prisioneiros Até Roma
2. Um centurião
3. Um membro do Regimento Imperial
4. **Todas as respostas estão corretas.**

2. O centurião seguiu o conselho de quem? (27:11)
1. **Do piloto e do dono do navio**
2. Da esposa dele
3. De Paulo
4. Seu próprio conselho

3. Como era chamado o vento muito forte? (27:14)
1. Um tufão
2. **O Nordeste**
3. O Relâmpago
4. A Grande Tempestade

4. O que é que os marinheiros fizeram com o navio quando ele pegou a tempestade? (27:17-19)
1. Eles lançaram mão de todos os meios para reforçar o navio com cordas.
2. Eles baixaram as velas e deixaram o navio à deriva.
3. Eles lançaram fora a carga.
4. **Todas as respostas estão corretas.**

5. O que o anjo de Deus falou para Paulo no navio? (27:23-24)
1. Não tenha medo.
2. É preciso que você compareça perante César.
3. Deus, por sua graça, deu-lhe a vida de todos os que estão navegando com você.
4. **Todas as respostas estão corretas.**

6. No navio, o que Paulo fez com o pão? (27:35)
1. **Deu graças a Deus, o quebrou e o comeu.**
2. Ele o jogou fora.
3. Ele não estava com fome.
4. Todas as respostas estão corretas.

7. O que aconteceu quando a vela da proa alçou-se ao vento, dirigindo-se para a praia? (27:40-41)
1. O navio encalhou num banco de areia, onde tocou o fundo.
2. A proa encravou-se e ficou imóvel.
3. A popa foi quebrada pela violência das ondas.
4. **Todas as respostas estão corretas.**

8. Quem impediu que os soldados colocassem em prática seu plano de matar os prisioneiros à bordo? (27:43)
1. Paulo
2. O dono do navio
3. O povo da ilha
4. **O centurião**

9. Que ordem o centurião deu a alguns prisioneiros? (27:43-44)
1. **Ele ordenou aos que sabiam nadar que se lançassem ao mar.**
2. Ele ordenou aos que não sabiam nadar que se amarrassem no mastro do navio.
3. Ele ordenou que alguns prisioneiros escapassem no barco salva-vidas.
4. Todas as respostas estão corretas.

10. Complete o versículo: "Apeguemo-nos com firmeza à esperança que professamos,..." (Hebreus 10:23)
1. "...pois a vida é curta."
2. "...porque você não pode colocar a sua esperança em pessoas."
3. **"...pois aquele que prometeu é fiel."**
4. "...pois você nunca sabe o que acontecerá amanhã."

VERSÍCULO PARA MEMORIZAÇÃO

"Cuidem de vocês mesmos e de todo o rebanho sobre o qual o Espírito Santo os colocou como bispos, para pastorearem a igreja de Deus, que ele comprou com o seu próprio sangue." (Atos 20:28)

VERDADE BÍBLICA

Deus estabelece a Sua Igreja através de cristãos fiéis.

DICA DE ENSINO

Lembre as crianças que Deus espera que seus seguidores hoje continuem a contar ao mundo sobre Jesus Cristo. Somos todos chamados para sermos Suas testemunhas.

ESTUDO VINTE

ATOS 28:1-31

O Fim Está Próximo

COMENTÁRIO BÍBLICO

Quando Paulo finalmente chegou em Roma, ele continuou a sua missão de pregar a história de Jesus. Paulo compartilhou sobre sua prisão e julgamento como uma introdução de seu testemunho aos líderes judaicos. Como todas as outras vezes que ele falou com um público de judeus, a reação à mensagem de Paulo foi variada.

Paulo usou palavras de Isaías ao explicar sua experiência de compartilhar a história de Deus com o povo judaico. Ao fazer referência a Isaías 6:9-10, Paulo reiterou a advertência de Deus aos judeus. Paulo os assegurou que Deus os curaria se eles escolhessem receber humildemente o convite para ver, ouvir, entender e obedecer a Deus.

Paulo provavelmente sentiu tristeza ao saber que seu povo não havia aceitado a mensagem de salvação. Entretanto, ele continuou a confiar e a obedecer a Deus. De fato, Atos termina com um resumo da contínua pregação corajosa de Paulo em Roma sobre a mensagem de Jesus.

Por toda a segunda metade de Atos, lemos sobre a rejeição dos judeus e a aceitação do evangelho pelos gentios. Lucas não comunica em seu livro que a missão aos judeus foi um fracasso. Alguns judeus aceitaram a mensagem de Deus. O evangelho é para todos, tanto judeus quanto gentios. Há esperança de que todos possam aceitar a mensagem.

Jesus é a nossa esperança. Com o poder do Espírito Santo, podemos proclamar corajosamente essa mensagem para o mundo.

ATIVIDADE

Você precisará dos seguintes itens para essa atividade:
- Um doce ou um biscoito para cada criança
- Cinco folhas de papel
- Uma canetinha

Antes da aula, compre um doce ou biscoito para cada criança. Faça dois cartazes: em um escreva JUDEUS e no outro escreva GENTIO.

Na aula, divida as crianças em dois grupos: os judeus e os gentios. Peça para um voluntário de cada grupo segurar o cartaz que você fez.

Diga: **Eu tenho alguns doces** (ou biscoitos). **Eu deveria dá-los aos judeus ou aos gentios? Por quê?** Deixe as crianças responderem. Diga: **Eu darei para todos vocês.**

Deixe as crianças comerem os doces e depois diga: **Quando Paulo entrava em uma nova cidade, ele sempre falava primeiro com com os judeus sobre o evangelho. Entretanto, muitos judeus se recusavam acreditar em Jesus. Então, Paulo pregava o evangelho aos gentios. Paulo percebeu que Deus queria que todos fossem parte de Seu reino. Deus quer que você seja parte de Seu Reino também.**

Revise os passos da salvação. Convide as crianças que não são cristãs para responderem ao chamado de Deus da salvação hoje. Ore com aqueles que aceitarem o convite.

Diga: **Paulo viajou de Jerusalém para muitas cidades. Por onde quer que ele passava, ele pregava sobre Jesus. Ele cumpriu com Atos 1:8 de ir para a Judeia, Samaria, até os confins da terra. Você pode contar a sua história por onde quer que você passar.**

LIÇÃO BÍBLICA

Prepare a história bíblica baseada nos versículos bíblicos dessa lição.

Uma versão fácil de ler dessa lição está impressa no fim desse livro, nas páginas 113-142.

As crianças entenderão melhor essa lição se você contar a história para elas, ao invés de ler.

Depois da história, motive as crianças a responderem as perguntas a seguir. Não há respostas certas ou erradas. Essas perguntas ajudam as crianças a entenderem as histórias e aplicá-las em suas vidas.

1. **Como você teria se sentido se você fosse um dos habitantes da ilha e visse Paulo sendo mordido por uma víbora, mas não adoecer? O que você teria pensado?**
2. **Por que será que os habitantes da ilha foram tão generosos com Paulo e seus companheiros quando eles estavam prontos para partir?**
3. **Com suas próprias palavras, diga o que aconteceu quando Paulo falou com os líderes dos judeus. Qual foi a resposta deles à mensagem?**
4. **O que será que Paulo fez enquanto esteve em Roma? Para quantas igrejas ele escreveu cartas? Dica: Algumas dessas cartas podem ser encontradas no Novo Testamento.**

Diga: **Toda a história de Atos nos conta sobre como os primeiros cristãos eram fiéis. Deus edificou a Sua Igreja sobre Pedro—um homem que fugiu de Jesus em um tempo de necessidade, Paulo—um homem que odiava e que brutalmente perseguia os cristãos e muitos outros que eram pescadores e carpinteiros—pessoas comuns. Deus escolheu** essas pessoas para estabelecer a Sua Igreja, porque eles eram fiéis. Com todas as suas falhas e limitações, eles vinham a Deus e se entregavam a Ele para serem usados para Seus propósitos. **Deus guia o crente fiel. Ele O guiará enquanto você O seguí-Lo.**

VERSÍCULO PARA MEMORIZAÇÃO

Pratique o Versículo para Memorização do estudo. Você encontrará sugestões de atividades para o Versículo de Memorização nas páginas 111-112.

ATIVIDADES ADICIONAIS

Escolha uma dessas opções para incrementar o estudo bíblico das crianças.

1. Diga: **Paulo viveu em Roma como prisioneiro por dois anos. O que você acha que ele fez quando era um prisioneiro?** Deixe as crianças responderem. **As pessoas podiam visitar Paulo quando ele estava preso. Sobre o que eles falavam? Paulo também escreveu cartas para pessoas e igrejas enquanto ele era prisioneiro. Algumas dessas cartas tornaram-se livros da Bíblia. Vamos contá-los.** Divida as crianças em duas equipes. Forneça pelo menos uma Bíblia para cada equipe. Peça para as crianças lerem o primeiro versículo de todos os livros, de 1 Coríntios até Filemom. **Quantos livros Paulo escreveu?**

2. Diga: **Deus usou cristãos fiéis para começar a Sua Igreja. Algum deles fazia parte da realeza ou da aristocracia? Aqui vai a lista: Pedro, Paulo, João, Áquila e Priscila, Apolo, Timóteo, João Marcos e Êutico. Não. Eles eram pessoas comuns que amavam a Deus e a Jesus. Quem é o responsável pelo crescimento a Igreja? Os pastores são importantes. Entretanto, todos em uma igreja local devem trabalhar para ajudar a sua igreja a crescer. Todo cristão tem uma responsabilidade.**

Escreva essas palavras em um quadro, lousa ou em um grande pedaço de papel "O que as crianças precisam fazer para ajudar a Igreja a crescer?" Peça voluntários para escreverem uma forma com a qual as crianças podem ajudar.

PERGUNTAS PARA COMPETIÇÃO BÁSICA

Para preparar as crianças para a competição, leia Atos 28:1-31 para elas.

1. O que aconteceu quando Paulo colocou um monte de gravetos no fogo? (28:3-5)
1. Uma víbora prendeu-se em sua mão.
2. Paulo sacudiu a cobra no fogo.
3. **As duas respostas estão corretas.**

2. Quem recebeu Paulo e seus companheiros em sua casa e os hospedou por três dias na ilha de Malta? (28:7)
1. O rei de Malta
2. **O homem principal da ilha, Públio**
3. Várias viúvas de Malta

3. Quem veio ver Paulo depois que ele curou o pai de Públio? (28:9)
1. **Os outros doentes da ilha**
2. Toda a família de Públio
3. Os oficiais chefes de Malta

4. O que os habitantes da ilha de Malta fizeram por Paulo e pela tripulação? (28:10)
1. Eles lhes prestaram muitas honras
2. Eles lhes forneceram os suprimentos que eles necessitavam
3. **As duas respostas estão corretas.**

5. O que aconteceu quando Paulo viu os irmãos de Roma? (28:15)
1. **Ele deu graças a Deus e sentiu-se encorajado.**
2. Ele estava com raiva deles, por tê-lo colocado na prisão.
3. Ele perguntou por que eles não foram lhe ver em Jerusalém.

6. Por que os líderes dos judeus em Roma queriam ouvir os pensamentos de Paulo? (28:22)
1. **Porque por todo lugar havia gente falando contra esta seita**
2. Porque eles estavam empolgados para ouvir o testemunho de Paulo
3. Porque eles receberam uma carta de Jerusalém sobre Paulo

7. Quando é que os líderes dos judeus em Roma começaram a ir embora e deixar Paulo? (28:25)
1. **Depois que Paulo fez a sua última declaração.**
2. Por volta do meio-dia.
3. Imediatamente depois de Paulo ter começado a ensinar sobre Jesus Cristo.

8. O que Paulo disse que foi enviado aos gentios? (28:28)
1. Sonhos e visões
2. **A salvação de Deus**
3. Dor e sofrimento

9. O que Paulo disse que os gentios fariam com a mensagem da salvação de Deus? (28:28)
1. Que eles a jogariam fora.
2. Que eles não a ouviriam.
3. **Que eles a ouviriam.**

10. Por quanto tempo Paulo ficou em Roma? (28:30)
1. **Dois anos**
2. Dois meses
3. Duas semanas

PERGUNTAS PARA COMPETIÇÃO AVANÇADA

Para preparar as crianças para a competição, leia Atos 28:1-31 para elas.

1 O que os habitantes da ilha de Malta fizeram por Paulo e seus companheiros? (28:1-2)
1. Mostraram extraordinária bondade
2. Fizeram uma fogueira para eles
3. Receberam bem a todos
4. **Todas as respostas estão corretas**

2 Por que os habitantes da ilha disseram que Paulo era um assassino? (28:4)
1. Porque Paulo estava realizando milagres
2. Porque Paulo parecia culpado e nervoso
3. **Porque uma cobra ficou agarrada na mão de Paulo**
4. Todas as respostas estão corretas

3 O que aconteceu com Paulo quando a cobra o agarrou? (28:5-6)
1. **Paulo não sofreu mal nenhum.**
2. Paulo a engoliu.
3. Paulo repentinamente caiu morto.
4. Paulo tornou-se como Deus.

4 Como o Pai de Públio foi curado? (28:8)
1. Paulo foi vê-lo.
2. Paulo orou por ele.
3. Paulo impôs-lhe as mãos e o curou.
4. **Todas as respostas estão corretas.**

5 O que Paulo fez quando ele viu os irmãos em Roma? (28:14-15)
1. **Ele deu graças a Deus e sentiu-se encorajado.**
2. Ele os abraçou e chorou.
3. Ele escondeu o seu rosto, pois estava com vergonha.
4. Ele pediu comida e um lugar para ficar.

6 De acordo com o que Paulo disse, por que ele estava preso com aquelas algemas? (28:20)
1. Porque ele havia cometido um crime que merecia morte
2. **Por causa da esperança de Israel**
3. Porque o seu próprio povo era culpado
4. Todas as respostas estão corretas

7 Como Paulo tentou convencer as pessoas de Roma sobre Jesus? (28:23)
1. Com sinais miraculosos
2. **Com base na Lei de Moisés e nos Profetas**
3. Com as histórias de suas viagens
4. Lhes dizendo o quanto os amava

8 O que Paulo disse que foi enviado aos gentios? (28:28)
1. Dinheiro para construir novas igrejas
2. **A salvação de Deus**
3. Dor e sofrimento
4. Perseguição

9 O que Paulo disse que os gentios fariam com a mensagem de salvação? (28:28)
1. Que eles a jogariam fora.
2. Que eles não a ouviriam.
3. **Que eles a ouviriam.**
4. Que eles não entenderiam o seu significado.

10 O que Paulo fez por dois anos em Roma? (28:30-31)
1. Ele permaneceu na casa que havia alugado.
2. Abertamente e sem impedimento, ele pregou o Reino de Deus.
3. Ele ensinou a respeito do Senhor Jesus Cristo.
4. **Todas as respostas estão corretas.**

VERSÍCULOS PARA MEMORIZAÇÃO

Os versículos a seguir são os Versículos para Memorização de cada lição. Você pode reproduzir essa página para distribuir para as crianças estudarem.

ESTUDO UM:
"Nós somos testemunhas destas coisas, bem como o Espírito Santo, que Deus concedeu aos que lhe obedecem." (Atos 5:32)

ESTUDO DOIS:
"Não há salvação em nenhum outro, pois, debaixo do céu não há nenhum outro nome dado aos homens pelo qual devamos ser salvos." (Atos 4:12)

ESTUDO TRÊS:
"Não se esqueçam de fazer o bem e de repartir com os outros o que vocês têm, pois de tais sacrifícios Deus se agrada." (Hebreus 13:16)

ESTUDO QUATRO:
"Feliz é o homem que persevera na provação, porque depois de aprovado receberá a coroa da vida que Deus prometeu aos que o amam." (Tiago 1:12)

ESTUDO CINCO:
"A explicação das tuas palavras ilumina e dá discernimento aos inexperientes." (Salmo 119:130)

ESTUDO SEIS:
"Portanto, se alguém está em Cristo, é nova criação. As coisas antigas já passaram; eis que surgiram coisas novas!" (2 Coríntios 5:17)

ESTUDO SETE:
"Não se amoldem ao padrão deste mundo, mas transformem-se pela renovação da sua mente, para que sejam capazes de experimentar e comprovar a boa, agradável e perfeita vontade de Deus" (Romanos 12:2)

ESTUDO OITO:
"E, abrindo Pedro a boca, disse: 'Reconheço por verdade que Deus não faz acepção de pessoas; Mas que lhe é agradável aquele que, em qualquer nação, o teme e faz o que é justo.'" (Atos 10:34-35)

ESTUDO NOVE:
"A oração de um justo é poderosa e eficaz." (Tiago 5:16*b*)

ESTUDO DEZ:

"Sejam completamente humildes e dóceis, e sejam pacientes, suportando uns aos outros com amor. Façam todo o esforço para conservar a unidade do Espírito pelo vínculo da paz." (Efésios 4:2-3)

ESTUDO ONZE:

"Pedro respondeu: 'Arrependam-se, e cada um de vocês seja batizado em nome de Jesus Cristo, para perdão dos seus pecados, e receberão o dom do Espírito Santo.'" (Atos 2:38)

ESTUDO DOZE:

"Você será testemunha dele a todos os homens, daquilo que viu e ouviu." (Atos 22:15)

ESTUDO TREZE:

"Que diremos, pois, diante dessas coisas? Se Deus é por nós, quem será contra nós?" (Romanos 8:31)

ESTUDO QUATORZE:

"Mas receberão poder quando o Espírito Santo descer sobre vocês, e serão minhas testemunhas em Jerusalém, em toda a Judéia e Samaria, e até os confins da terra." (Atos 1:8)

ESTUDO QUINZE:

"Todavia, não me importo, nem considero a minha vida de valor algum para mim mesmo, se tão-somente puder terminar a corrida e completar o ministério que o Senhor Jesus me confiou, de testemunhar do evangelho da graça de Deus." (Atos 20:24)

ESTUDO DEZESSEIS:

"Agora, pois, vá; eu estarei com você, ensinando-lhe o que dizer." (Êxodo 4:12)

ESTUDO DEZESSETE:

"Nele temos colocado a nossa esperança de que continuará a livrar-nos." (2 Coríntios 1:10*b*)

ESTUDO DEZOITO:

"Pois não podemos deixar de falar do que vimos e ouvimos." (Atos 4:20)

ESTUDO DEZENOVE:

"Apeguemo-nos com firmeza à esperança que professamos, pois aquele que prometeu é fiel." (Hebreus 10:23)

ESTUDO VINTE:

"Cuidem de vocês mesmos e de todo o rebanho sobre o qual o Espírito Santo os colocou como bispos, para pastorearem a igreja de Deus, que ele comprou com o seu próprio sangue." (Atos 20:28)

ATIVIDADES PARA MEMORIZAÇÃO DE VERSÍCULO

DIVERSÃO COM VERSÍCULO BÍBLICO

Peça para as crianças sentarem em linha reta. Fale para a primeira criança levantar, para dizer a primeira palavra do versículo, para balançar as duas mãos no ar com empolgação e para sentar. Peça para a segunda criança levantar, dizer a segunda palavra do versículo, para balançar as duas mãos no ar com empolgação e para sentar. Continue até terminar o versículo. Se uma criança esquecer uma palavra ou disser a palavra errada, corrija-a. Motive as crianças a dizerem o versículo rapidamente para que seus gestos se pareçam com uma onda do mar.

PASSANDO A BÍBLIA

Você precisará de uma Bíblia e de música para essa atividade.

Peça para as crianças sentarem em círculo. Dê a Bíblia para uma criança. Quando a música começar, fale para as crianças passarem a Bíblia para os outros no círculo. Quando a música parar, a criança que estiver segurando a Bíblia diz o versículo bíblico. Cuidadosamente, pare a música de forma que cada criança tenha a oportunidade de dizer o versículo.

CORRIDA DO VERSÍCULO BÍBLICO

Escreva cada palavra ou frase do versículo bíblico em um pedaço de papel. Faça duas cópias, uma para cada equipe.

Divida a classe em duas equipes. Coloque uma cópia dos papéis com as palavras no chão, na frente de cada equipe. Embaralhe a ordem dos papéis. Depois de um sinal, deixe a primeira criança de cada equipe encontrar a primeira palavra do versículo e correr para uma linha de chegada. A criança coloca o papel no chão e corre de volta para o segundo jogador. Aquela criança pega a segunda palavra do versículo e corre de volta para a linha de chegada. Continue assim até que uma equipe complete o versículo na ordem perfeita. Dê tempo para a segunda equipe terminar o versículo. Depois, faça as duas equipes recitarem o versículo juntas.

ALINHAMENTO DE VERSÍCULO BÍBLICO

Escreva cada palavra ou frase do versículo bíblico em um pedaço de papel.

Dê a cada criança um pedaço de papel. Instrua as crianças com os papéis para irem a diferentes partes da sala e levantarem os papéis. Escolha uma outra criança para alinhar o versículo na ordem correta. Depois, peça para a classe ler o versículo junta.

JOGO DA MEMÓRIA DE ESCONDE-ESCONDE

Prepare papéis e esconda-os antes para essa atividade.

Escreva cada palavra do Versículo para Memorização em um pedaço de papel separado. Esconda cada palavra pela sala. Peça para as crianças encontrarem as palavras e arrumá-las na ordem correta. Recite o Versículo para Memorização.

VERSOS PARA LEVANTAR

Instrua as crianças a sentarem em um círculo.

Instrua a primeira criança a se levantar e dizer a primeira palavra do versículo e, depois, ela deve sentar. A segunda criança levanta e fala a segunda palavra e senta. Continue até as crianças completarem o versículo. Motive as crianças a brincarem novamente, mas para irem mais rápido que a vez anterior. Deixe as crianças tentarem ver quão rápido elas conseguem dizer o versículo.

JOGO DA MEMÓRIA DAS PALAVRAS PERDIDAS

Você precisará de um quadro de giz, de uma lousa branca ou de papel para essa atividade.

Escreva o Versículo para Memorização no quadro ou lousa. Peça para as crianças recitarem o versículo. Apague uma palavra e, então, peça para as crianças repetirem o versículo (incluindo a palavra que estiver faltando). Continue até que todas as palavras tenham desaparecido e as crianças consigam dizer o versículo de cor. Se não tiver nem quadro nem lousa branca disponível, escreva cada palavra do versículo em uma folha de papel separada e peça para as crianças removerem uma palavra de cada vez.

Passagens Bíblicas Fáceis de Ler

ESTUDO UM

ATOS 1:1-11; 2:1-8, 12-21, 36-47
O Presente Prometido

Introdução

No meu primeiro livro, Teófilo, eu escrevi a respeito de todas as coisas que Jesus fez e ensinou desde o princípio até o dia em que foi levado para o céu. Antes, porém, por meio do Espírito Santo, Ele deu instruções aos apóstolos que tinha escolhido.

Depois de sua morte, Jesus se apresentou vivo aos apóstolos e lhes deu muitas e indiscutíveis provas de que estava vivo. Ele lhes apareceu durante quarenta dias e lhes falou a respeito do reino de Deus. Numa ocasião, quando estava comendo com eles, Ele lhes deu esta ordem:

—Não saiam de Jerusalém, mas esperem pela promessa do Pai, da qual eu lhes falei. Pois João batizava em água, mas vocês serão batizados no Espírito Santo, daqui a alguns dias.

Quando os apóstolos estavam reunidos com Jesus, eles lhe perguntavam:

—É agora, Senhor, que vai devolver o reino para Israel?

Ele lhes disse:

—O Pai é o único que tem autoridade de decidir sobre datas e tempos; não cabe a vocês saber essas coisas. Mas receberão poder, quando o Espírito Santo vier sobre vocês, e então serão minhas testemunhas em Jerusalém, em toda a região da Judéia e Samaria e também pelos quatro cantos do mundo.

Depois de dizer isto, Jesus foi levado para o céu diante deles; e uma nuvem o cobriu, escondendo-o deles. Eles continuaram olhando para o céu enquanto Jesus se afastava. De repente, dois homens vestidos de branco apareceram ao lado deles, e disseram:

—Homens da Galiléia, por que vocês estão aqui de pé olhando para o céu? Esse mesmo Jesus que foi levado de vocês para o céu voltará da mesma maneira que o viram partir.

A vinda do Espírito Santo

Quando chegou o dia de Pentecostes, todos eles estavam reunidos no mesmo lugar. De repente veio do céu um som parecido com o de uma ventania, e que encheu toda a casa onde eles estavam sentados. E então apareceram línguas como de fogo que se espalharam e pousaram sobre cada um deles. Todos ficaram cheios do Espírito Santo e começaram a falar em outras línguas, de acordo com o que o Espírito lhes concedia que falassem.

Estas citações das Escrituras são extraídas de A BÍBLIA SAGRADA: Fáceis de ler™
© 2006 por World Bible Translation Center, Inc. e usado com permissão

Estavam morando em Jerusalém judeus cheios de fé, que tinham vindo de todas as nações do mundo. Ao ouvirem aquele som, a multidão se ajuntou e todos ficaram muito admirados, pois cada um os ouvia falar em sua própria língua. Surpresos e assombrados, diziam uns aos outros:

—Não são galileus todos estes homens que estão falando? Como é, então, que cada um de nós os ouve falar em nossa própria língua nativa?

Eles estavam todos admirados e sem saber o que pensar, e diziam uns aos outros:

—O que quer dizer tudo isto?

Outros, porém, faziam pouco deles e diziam:

—Eles estão bêbados.

A mensagem de Pedro

Então Pedro se levantou junto com os onze apóstolos e, em voz bem alta, começou a falar para a multidão, dizendo:

—Homens da Judéia! Todos vocês que estão morando em Jerusalém! Deixem que eu lhes diga uma coisa e prestem muita atenção ao que eu vou dizer. Estes homens não estão bêbados como vocês pensam que estão, pois mal passa das nove horas da manhã! Ao contrário! O que está acontecendo diz respeito ao que o profeta Joel falou:

"*Nos últimos dias—diz Deus—derramarei o meu Espírito sobre todas as pessoas;*
seus filhos e suas filhas profetizarão,
os jovens terão visões
e os velhos terão sonhos.
Sim, naqueles dias derramarei o meu Espírito nos meus servos homens e mulheres, e eles profetizarão.
Eu mostrarei maravilhas em cima, no céu,
e sinais em baixo, na terra.
Haverá sangue e fogo e nuvens de fumaça.
O sol se transformará em escuridão e a lua em sangue,
antes de vir o grande e glorioso dia do Senhor.
E todos os que procurarem pelo Senhor serão salvos".

Portanto que todo o Israel tenha certeza de que esse mesmo Jesus, a quem vocês crucificaram, Deus o fez Senhor e Cristo!

Os primeiros batismos

Ao ouvirem aquilo, todos sentiram um profundo remorso e perguntaram a Pedro e aos demais apóstolos:

—O que devemos fazer então, irmãos?

Pedro lhes disse:

—Arrependam-se e cada um de vocês seja batizado em nome de Jesus Cristo, para o perdão dos pecados de vocês. Então receberão o dom do Espírito Santo. Pois esta promessa é para vocês, para seus filhos e para todos aqueles que estão longe e a quem o Senhor, nosso Deus, chamar para si.

E Pedro continuava a testemunhar, e os encorajava com muitas outras palavras, dizendo:

—Salvem-se desta geração má!

Aqueles que aceitaram a sua mensagem foram batizados e, mais ou menos, três mil pessoas foram adicionadas naquele dia.

A igreja cristã

Eles se dedicavam ao ensino dos apóstolos, à comunhão, ao partir do pão e às orações. Os apóstolos fizeram muitos sinais e maravilhas, e um sentimento de muito respeito tomou conta de todos. Todos os que creram ficavam juntos e repartiam tudo o que tinham. Eles venderam suas propriedades e os seus bens e distribuíram entre todos, conforme a necessidade de cada um. Eles se reuniam no templo todos os dias, e dividiam o pão de casa em casa, repartindo a comida com alegria e com sinceridade no coração. Eles louvavam a Deus e eram estimados por todas as pessoas. E todos os dias o Senhor aumentava aquele grupo com pessoas que iam sendo salvas.

ESTUDO DOIS

ATOS 3:1-16, 4:1-22
Melhor Que Dinheiro

Pedro cura um paralítico

Certo dia, às três horas da tarde—hora da oração—Pedro e João foram ao templo. Havia no templo um portão chamado Formoso. Todos os dias um homem que era paralítico desde que nascera era carregado até lá. Ele ficava perto do portão pedindo esmolas às pessoas que iam para o templo. Quando este homem viu a Pedro e João prestes a entrar no templo, pediu-lhes uma esmola. Pedro, assim como João, olharam bem para ele e disseram:

—Olhe para nós!

O homem olhou para eles, esperando receber alguma coisa deles. Mas Pedro lhe disse:

—Eu não tenho nenhum dinheiro para dar, mas vou lhe dar o que tenho: Em nome de Jesus Cristo de Nazaré: levante-se e ande!

E, puxando-o pela mão direita, Pedro o levantou. No mesmo instante, os seus pés e tornozelos ficaram fortes e, dando um salto, o homem se colocou de pé e começou a andar. Ele entrou no templo com eles, andando, saltando e louvando a Deus. Todas as pessoas o viram andar e a louvar a Deus, e reconheceram que ele era o homem que estava sempre pedindo esmolas perto do portão Formoso do templo. Todos ficaram admirados e maravilhados com o que tinha acontecido com ele. O homem se agarrou a Pedro e João, e todas as pessoas, admiradas, corriam para onde eles estavam, no lugar chamado Alpendre de Salomão.

O discurso de Pedro

Quando Pedro viu isso, disse ao povo:

—Homens de Israel! Por que vocês ficaram admirados com isto? Por que vocês nos olham como se fosse pelo nosso próprio poder ou virtude que tivéssemos feito este homem andar? O Deus dos nossos antepassados, o Deus de Abraão, de Isaque e de Jacó, glorificou ao seu servo Jesus. Vocês, porém, o entregaram às autoridades para ser morto e também o rejeitaram diante de Pilatos; e quando Pilatos quis soltá-lo, vocês não quiseram. Vocês rejeitaram o Santo e o Justo e pediram que um assassino fosse libertado em seu lugar. Vocês mataram o Autor da vida, mas Deus o ressuscitou, e nós somos testemunhas disso. Pela fé no poder de Jesus, esse mesmo poder fortaleceu a este homem que vocês vêem e conhecem. Sim, foi a fé que vem por meio de Jesus que curou completamente este homem diante de todos vocês.

Pedro e João no Conselho Superior

Os sacerdotes, o capitão da guarda do templo e os saduceus se aproximaram enquanto eles ainda estavam falando. Eles ficaram irritados porque Pedro e João estavam ensinando o povo e proclamando a ressurreição dos mortos por meio de Jesus. Então prenderam os dois e os puseram na cadeia até o dia seguinte, pois já era muito tarde. No entanto, muitos dos que ouviram a mensagem acreditaram e o número de homens subiu para cinco mil.

No dia seguinte, os líderes do povo, os anciãos e os professores da lei se reuniram em Jerusalém. Também estavam presentes: Anás, o sumo sacerdote, Caifás, João, Alexandre e todos os que pertenciam à família do sumo sacerdote. Ao colocar os apóstolos no meio deles, começaram a fazer-lhes perguntas:

—Com que poder ou em nome de quem é que vocês fizeram isso?

Pedro, então, cheio do Espírito Santo, disse-lhes:

—Líderes do povo e anciãos! Parece que hoje nós estamos sendo interrogados por causa da boa ação que fizemos ao homem paralítico, e de como ele foi curado. Muito bem! Então fiquem todos vocês e todo o povo de Israel sabendo que este homem se apresenta curado diante de vocês pelo poder de Jesus Cristo de Nazaré, o mesmo a quem vocês crucificaram e a quem Deus ressuscitou. Ele é

"a pedra que vocês, os construtores,
   rejeitaram e que passou a ser a mais
   importante".

E não há salvação em mais ninguém, pois não há nenhum outro nome debaixo do céu dado entre os homens, pelo qual importa que sejamos salvos.

Os membros do Conselho Superior ficaram admirados com a coragem de Pedro e de João, pois sabiam que eles eram homens simples e sem cultura. Eles reconheceram, então, que os dois tinham sido companheiros de Jesus.

Eles não puderam dizer nada, pois o homem que tinha sido curado estava de pé, ali, entre eles. Os membros do Conselho Superior ordenaram que os dois saíssem, e começaram a discutir entre si:

—O que podemos fazer a estes homens? Está claro para todas as pessoas que vivem em Jerusalém que um milagre notável foi feito entre elas e isso nós não podemos negar! No entanto, para que isto não se espalhe ainda mais pelo povo, vamos ameaçá-los e dizer para que não falem neste nome a mais ninguém.

E, chamando os dois novamente, mandaram que eles nunca mais dissessem ou ensinassem coisa alguma a ninguém em nome de Jesus. Mas Pedro e João lhes disseram:

—Vocês decidam se é certo diante de Deus obedecer a vocês ao invés de obedecer a Ele. Nós não podemos deixar de falar a respeito das coisas que vimos e ouvimos!

Então, os membros do Conselho Superior os ameaçaram ainda mais e depois os deixaram ir embora. Eles não viam uma forma sequer de castigá-los, pois todo o povo estava dando graças a Deus pelo que tinha acontecido. O homem que fora curado pelo milagre tinha mais de quarenta anos.

ESTUDO TRÊS

ATOS 4:23–5:11

Uma Mente e Um Coração

Os discípulos pedem coragem a Deus

Quando foram libertados, Pedro e João voltaram para junto de seus companheiros e lhes contaram tudo o que os líderes dos sacerdotes e os anciãos tinham dito a eles. Quando ouviram aquilo, todos juntos oraram a Deus, dizendo:

—Mestre! O Senhor fez o céu, a terra, o mar, e tudo o que neles existe. O Senhor disse por meio do Espírito Santo, pela boca do nosso antepassado Davi, seu servo:

"Por que as nações se mostraram tão arro-
   gantes e as pessoas conspiraram em vão?
   Os reis da terra se preparam para a bata-
   lha,
   e os líderes se reúnem contra o Senhor e
   contra o seu escolhido, Cristo".

Sim, pois Herodes, Pôncio Pilatos, os judeus e os que não são judeus se reuniram nesta cidade contra o seu santo servo, Jesus, a quem o Senhor ungiu. Eles se reuniram para fazer todas as coisas que o Senhor, pelo seu poder e vontade, já, há muito tempo, tinha decidido que deveriam acontecer. E agora, Senhor, ouça as ameaças deles e dê aos seus servos habilidade para falarem a sua mensagem com toda a coragem. Enquanto isso, estenda a sua mão poderosa para curar, e faça com que sinais e coisas maravilhosas sejam feitos pelo poder do seu santo servo Jesus.

Quando acabaram de orar, o lugar onde eles tinham se reunido tremeu; todos ficaram cheios do Espírito Santo e começaram a falar a mensagem de Deus com coragem.

A comunidade cristã

Todo o grupo dos que creram parecia ter um só coração e uma só alma. Ninguém dizia que qualquer coisa que tivesse era só sua; ao contrário, eles repartiam tudo o que tinham. Com grande poder, os apóstolos davam testemunho a respeito da ressurreição do Senhor Jesus e grandes bênçãos de Deus eram derramadas sobre todos eles. Ninguém do grupo passava necessidades, pois todos os que tinham casas ou terrenos os vendiam e levavam o dinheiro da venda para os apóstolos. Então se distribuía a cada um conforme a sua necessidade. José, a quem os apóstolos deram o sobrenome de Barnabé (que quer dizer "filho de encorajamento"), levita, que havia nascido em Chipre, vendeu um terreno que possuía, levou todo o dinheiro e o colocou aos pés dos apóstolos.

Ananias e Safira

Entretanto, havia um homem chamado Ananias que, junto com sua mulher Safira, vendeu uma propriedade e levou somente parte do dinheiro para os apóstolos, guardando o restante para ele. Safira sabia disso e concordou com a atitude do marido. Então Pedro lhe disse:

—Ananias, por que você deixou que Satanás enchesse o seu coração, para que mentisse ao Espírito Santo, ficando com parte do dinheiro da venda do terreno? O terreno não era seu, antes de você vendê-lo? E depois que você o vendeu, não tinha a liberdade de fazer o que quisesse com o dinheiro? Por que decidiu fazer isso? Você não mentiu para os homens, mas sim para Deus!

Ao ouvir estas palavras, Ananias caiu morto, e todos os que souberam dessas coisas ficaram com muito medo. Alguns jovens se levantaram, cobriram-lhe o corpo, levaram para fora e o enterraram. Mais ou menos três horas mais tarde chegou Safira, ainda sem saber o que tinha acontecido a seu marido. Pedro, então, lhe perguntou:

—Diga-me uma coisa: Foi por este preço que você e o seu marido venderam o terreno?

Ela respondeu:

—Sim, foi por essa quantia.

Então Pedro lhe disse:

—Por que você e seu marido concordaram em pôr à prova o Espírito do Senhor? Olhe! Os jovens que acabaram de enterrar seu marido estão aí e agora eles vão levar você também.

E no mesmo instante ela caiu morta aos pés de Pedro. Ao entrarem os jovens, viram na morta e a levaram para fora e a enterraram ao lado de seu marido. E um grande temor veio sobre toda a igreja e sobre todos aqueles que ficaram sabendo dessas coisas.

ESTUDO QUATRO

ATOS 6:1-15; 7:51–8:3

O Apedrejamento de Estêvão e a Dispersão da Igreja

A escolha de sete ajudantes

Naqueles dias, ao se multiplicar o número dos discípulos, houve queixas daqueles judeus que falavam grego contra os judeus que falavam aramaico, pois as suas viúvas não estavam sendo atendidas na distribuição diária. Os doze apóstolos reuniram todo o grupo de discípulos e disseram:

—Não está certo deixarmos de ensinar a mensagem de Deus para fazermos a distribuição diária. Irmãos! Escolham entre vocês sete homens de confiança e que estejam cheios do Espírito e de sabedoria para que nós os encarreguemos deste serviço. Dessa forma poderemos nos dedicar à oração e ao ensino da mensagem de Deus.

A sugestão agradou a toda a comunidade e eles escolheram: Estêvão, homem cheio de fé e do Espírito Santo; Filipe, Prócoro, Nicanor, Timão, Pármenas e Nicolau, que era de Antioquia e tinha se tornado judeu. Os discípulos apresentaram estes homens aos apóstolos, e estes oraram e impuseram as suas mãos sobre eles. A mensagem do Senhor se espalhava. O número de discípulos em Jerusalém se multiplicava e também um grande número de sacerdotes judeus aceitava a fé.

A prisão de Estêvão

Estêvão, um homem muito abençoado por Deus e cheio de poder, fez grandes maravilhas e sinais entre o povo. Mas alguns dos homens da "Sinagoga dos Homens Livres" (era assim que a chamavam), opuseram-se a ele. Eles eram judeus da região de Cirene, de Alexandria, da Cilícia e da Ásia e começaram a discutir com Estêvão. Esses judeus, porém, não conseguiam vencer o Espírito e a sabedoria com que Estêvão falava. Então eles subornaram algumas pessoas que disseram:

—Nós ouvimos esse homem falar coisas ruins contra Moisés e contra Deus!

E dessa forma eles agitaram o povo, os anciãos e os professores da lei que o pegaram e o levaram para o Conselho Superior. Eles arranjaram também testemunhas falsas para falar contra Estêvão, e elas diziam:

—Esse homem nunca pára de falar contra este lugar santo e contra a lei. Nós o ouvimos dizer que Jesus de Nazaré vai destruir este templo e vai mudar todos os costumes que Moisés nos deu.

Todos os que estavam sentados no Conselho Superior olharam bem para Estêvão e viram que o rosto dele parecia o rosto de um anjo.

—Gente teimosa! Vocês são surdos e duros de coração, como aqueles que não conhecem a Deus! Vocês estão sempre resistindo ao Espírito Santo! Vocês são idênticos aos seus antepassados. Houve algum profeta que os pais de vocês não perseguiram? Eles até mataram aqueles que, antigamente, anunciaram a vinda do Justo, e agora vocês o traíram e o mataram. Vocês são aqueles que receberam a lei que foi entregue por anjos, mas não a obedeceram.

A morte de Estêvão

Quando os membros do Conselho Superior ouviram o que Estêvão tinha dito, ficaram furiosos e rangeram os dentes contra ele. Mas Estêvão, cheio do Espírito Santo, olhou para o céu e viu a glória de Deus e Jesus à sua direita, e disse:

—Olhem! Vejo o céu aberto e o Filho do Homem em pé à direita de Deus!

Então, eles taparam os ouvidos, começaram a gritar e juntos avançaram em Estêvão. Depois o arrastaram para fora da cidade e começaram a apedrejá-lo. As testemunhas deixaram as suas capas com um jovem que se chamava Saulo. Enquanto o apedrejavam, Estêvão gritava, dizendo:

—Senhor Jesus, receba o meu espírito.

Depois, Estêvão se ajoelhou e gritou bem alto:

—Senhor! Não os condene por causa deste pecado!

E, acabando de dizer isso, morreu.

Saulo persegue a igreja

Saulo tinha concordado com a morte de Estêvão. Alguns homens que temiam a Deus o enterraram e choraram muito por causa de sua morte.

Daquele dia em diante a igreja em Jerusalém começou a sofrer uma grande perseguição. Todos os discípulos foram dispersos pelas regiões da Judéia e de Samaria, com exceção dos apóstolos. Saulo procurava destruir a igreja. Ele ia de casa em casa, arrastava para fora tanto homens como mulheres e os punha na cadeia.

ESTUDO CINCO

ATOS 8:4-40

Filipe em Viagem

Aqueles que tinham sido dispersos iam a todos os lugares anunciando as Boas Novas.

Filipe em Samaria

Filipe foi para a cidade de Samaria e lá proclamava o Cristo a todos. Quando a multidão o ouviu e viu os sinais que ele fazia, começou a prestar muita atenção às coisas que ele dizia. Demônios, gritando alto, saíam de muitas pessoas possuídas por eles, muitos coxos e paralíticos eram curados e houve grande alegria naquela cidade. Havia em Samaria um homem chamado Simão que, já há algum tempo, praticava magias e fascinava as pessoas de lá. Ele se dizia ser alguém importante e todas as pessoas, desde o mais humilde até o mais importante, lhe davam atenção e diziam:

—Este homem tem o poder de Deus, chamado "O Grande Poder!"

Todos lhe davam muita atenção porque, já há algum tempo, os vinha fascinando com a sua magia.

O batismo dos samaritanos

Mas muitas pessoas, tanto homens como mulheres, acreditaram no que Filipe lhes tinha dito a respeito das Boas Novas do reino de Deus e do poder de Jesus Cristo e foram batizadas. Até mesmo Simão acreditou e, depois de ter sido batizado, acompanhava Filipe de perto, e observava fascinado os grandes sinais e milagres que eram feitos.

Em Jerusalém, os apóstolos ouviram dizer que Samaria tinha aceitado a mensagem de Deus. Então eles enviaram a Pedro e João para lá. Quando os dois chegaram, oraram por eles para que pudessem receber o Espírito Santo. Eles fizeram isso porque o Espírito Santo ainda não tinha descido sobre nenhum deles, uma vez que eles só tinham sido batizados em nome do Senhor Jesus. Então Pedro e João puseram as mãos sobre eles e eles receberam o Espírito Santo.

Simão viu que o Espírito era dado quando os apóstolos punham as mãos sobre as pessoas. Então ele lhes ofereceu dinheiro e disse:

—Dêem-me também este poder, para que toda pessoa sobre quem eu puser as minhas mãos receba o Espírito Santo.

Pedro, então, lhe disse:

—Que você e o seu dinheiro sejam destruídos para sempre! Você pensa que pode comprar a oferta de Deus com dinheiro? Você não tem lugar e nem pode participar deste ensino, pois o seu coração não é honesto diante de Deus. Arrependa-se dessa sua maldade e ore ao Senhor! Assim, talvez, você poderá ser perdoado por ter pensado desta forma. Pois vejo que está cheio de inveja e amargura e preso pelo pecado!

Então Simão disse:

—Orem ao Senhor por mim, para que nenhuma dessas coisas que vocês disseram me aconteça.

Pedro e João voltaram para Jerusalém depois de terem testificado e proclamado a mensagem do Senhor. No caminho, eles foram anunciando as Boas Novas em muitas aldeias samaritanas.

Filipe e o homem da Etiópia

Um anjo do Senhor falou com Filipe e disse:

—Prepare-se e vá para o sul, pela estrada que desce de Jerusalém e vai até Gaza.

(Aquela estrada é deserta).

Ele, então, se preparou e partiu. No caminho encontrou um homem etíope que era eunuco. Ele era um alto oficial de Candace, rainha da Etiópia, encarregado de todo o tesouro dela. Ele estava voltando de Jerusalém onde tinha ido adorar a Deus. Sentado em sua carruagem, ele estava lendo o livro do profeta Isaías. Então o Espírito disse a Filipe:

—Vá até aquela carruagem e fique perto dela.

Filipe correu para perto da carruagem e ouviu o eunuco lendo o livro do profeta Isaías, e então disse:

—O senhor entende o que está lendo?

O homem respondeu:

—Como posso entender se ninguém me explica?

E convidou a Filipe para subir e sentar-se com ele. A passagem da Escritura que o eunuco estava lendo era esta:

"Ele foi levado como uma ovelha para o matadouro
e assim como o cordeiro fica em silêncio diante daquele que corta a sua lã,
ele também não abriu a sua boca.
Na sua humilhação, foi-lhe negada justiça
e ninguém falará dos seus descendentes,
pois a sua vida foi tirada da terra."

Então o eunuco perguntou a Filipe:

—Por favor, diga-me: de quem o profeta está falando? Ele está falando dele mesmo ou de outra pessoa?

Então Filipe começou a explicar por esta passagem da Escritura e anunciou ao eunuco as Boas Novas a respeito de Jesus.

O batismo do eunuco

E, prosseguindo pela estrada, chegaram a um lugar onde havia água. O eunuco então disse:

—Olhe! água! O que me impede de ser batizado? Então, mandou que a carruagem parasse e ambos, tanto ele como Filipe, entraram na água e Filipe o batizou. Quando saíram da água, o Espírito do Senhor pegou a Filipe e o levou embora e o eunuco nunca mais o viu, mas seguiu o seu caminho cheio de alegria. De repente Filipe se encontrou na cidade de Azoto e, partindo dali, foi anunciando as Boas Novas por todas as cidades, até chegar a Cesaréia.

ESTUDO SEIS

ATOS 9:1-31

Saulo Transformado

A conversão de Saulo

Enquanto isso, Saulo continuava a ameaçar de morte os discípulos do Senhor. Ele foi falar com o sumo sacerdote e lhe pediu cartas de apresentação para as sinagogas de Damasco, para que, caso encontrasse alguns destes discípulos, quer fossem homens quer fossem mulheres, pudesse prendê-los e levá-los de volta para Jerusalém. Saulo estava indo em seu caminho e já se encontrava perto da cidade de Damasco quando, de repente, uma luz do céu brilhou à sua volta. Ele caiu no chão e ouviu uma voz que lhe dizia:

—Saulo, Saulo, por que você me persegue?

Então ele disse:

—Quem é você, Senhor?

E a voz respondeu:

—Eu sou Jesus, a quem você está perseguindo! Levante-se e vá para a cidade. Lá você ficará sabendo o que deve fazer.

Os homens que estavam viajando com Saulo permaneceram em pé sem poder dizer nada. Eles ouviam a voz, mas não viam ninguém. Saulo se levantou mas, quando abriu os seus olhos, não conseguia ver nada. Então os outros o levaram pela mão e o guiaram até Damasco. Saulo ficou três dias sem conseguir ver nada e, durante esses três dias, ele não comeu nem bebeu nada.

Na cidade de Damasco havia um discípulo de Cristo chamado Ananias. Ele teve uma visão na qual o Senhor lhe disse:

—Ananias!

E ele disse:

—Estou aqui, Senhor.

O Senhor lhe disse:

—Prepare-se e vá até a casa de Judas, na rua Direita. Ao chegar lá, pergunte por um homem de Tarso chamado Saulo. Ele está orando e, numa visão, viu um homem chamado Ananias chegar e colocar as mãos sobre ele para que possa voltar a ver.

Ananias, porém, respondeu:

—Senhor, eu tenho ouvido muita gente falar a respeito desse homem e a respeito de todas as maldades que ele tem feito ao seu povo em Jerusalém. Eu ouvi também que ele veio aqui com autoridade dos líderes dos sacerdotes para prender todos aqueles que acreditam no Senhor!

O Senhor, então, lhe disse:

—Vá! Eu escolhi esse homem como instrumento para levar o meu nome às nações do mundo e aos reis, bem como ao povo de Israel. Eu mesmo mostrarei a ele tudo quanto irá sofrer pelo meu nome.

Então Ananias foi, entrou na casa de Judas, colocou as mãos sobre Saulo e disse:

—Irmão Saulo! O Senhor Jesus, que lhe apareceu quando você estava vindo para cá, me mandou aqui para que você pudesse ver de novo e ficar cheio do Espírito Santo.

— E imediatamente, umas coisas que pareciam com escamas caíram dos olhos de Saulo e ele pôde ver novamente. Então ele se levantou e foi batizado e, depois de comer alguma coisa, recuperou as suas forças.

Saulo prega em Damasco

Saulo ficou alguns dias com os discípulos de Jesus em Damasco, mas logo começou a anunciar nas sinagogas, dizendo:

—Jesus é o Filho de Deus!

Todos os que o ouviam ficavam admirados e diziam:

—Não é este o homem que estava matando em Jerusalém aqueles que acreditam nesse Jesus? Não foi ele que, com a mesma intenção, veio aqui para prender essas pessoas e levá-las para os líderes dos sacerdotes?

Saulo, porém, se tornava cada vez mais forte na fé e confundia os judeus que viviam em Damasco com as provas que dava de que Jesus é o Cristo.

Algum tempo depois os judeus começaram a fazer planos para matá-lo, mas Saulo ficou sabendo do plano deles. Eles vigiavam os portões da cidade de dia e de noite para matá-lo. Uma noite, porém, os discípulos o levaram e, colocando-o dentro de uma cesta, desceram-no pelo muro da cidade.

Saulo em Jerusalém

Quando chegou a Jerusalém, Saulo procurou juntar-se aos discípulos, mas todos eles tinham medo dele, pois não acreditavam que ele fosse realmente um discípulo. Barnabé, então, levou-o até os apóstolos e explicou-lhes como Saulo tinha visto o Senhor na estrada para Damasco e como o Senhor tinha falado com ele. Barnabé também lhes disse da maneira corajosa com que Saulo tinha falado no nome do Senhor em Damasco.

Depois disso Saulo ficou com eles. Ele andava por toda parte em Jerusalém e falava com muita coragem no nome do Senhor. Ele falava e discutia com os judeus que falavam grego, mas estes procuravam um meio de matá-lo. Quando os irmãos em Cristo ficaram sabendo disso, levaram Saulo para a cidade de Cesaréia e depois o mandaram para a cidade de Tarso. Depois disso a igreja teve um período de paz em toda a região da Judéia, Galiléia e Samaria. Ela foi sendo fortalecida e, como vivesse temendo ao Senhor e sendo encorajada pelo Espírito Santo, crescia em número.

ESTUDO SETE

ATOS 10:1-23

Comer ou Não Comer

Pedro e Cornélio

Havia na cidade de Cesaréia um homem de nome Cornélio, o qual era comandante do regimento chamado "italiano". Ele era um homem muito piedoso e temia muito a Deus, assim como todos os membros da sua família. Ajudava muito aos pobres e estava sempre orando a Deus. Um dia, mais ou menos às três horas da tarde, Cornélio teve uma visão e viu claramente um anjo de Deus chegando e lhe dizendo:

—Cornélio!

Ele olhou para o anjo e, com muito medo, disse:

—O que é, Senhor?

E o anjo lhe disse:

—As suas orações e a ajuda que você tem dado aos pobres subiram até a presença de Deus e Ele se lembrou de você. Envie homens até a cidade de Jope para que eles tragam de volta um homem de nome Simão, que é conhecido como Pedro. Ele está hospedado com Simão, o curtidor de couro, cuja casa fica perto do mar.

Quando o anjo que estava falando com ele foi embora, Cornélio chamou dois empregados e um dos soldados que estavam a seu serviço e que também temia a Deus. Ele lhes contou tudo o que tinha acontecido e mandou que fossem até Jope.

No dia seguinte, os homens que Cornélio tinha enviado estavam chegando a Jope. Por volta do meio-dia, Pedro subiu ao terraço para orar e então sentiu fome e quis comer. Enquanto lhe preparavam a comida, Pedro teve uma visão: Ele viu o céu se abrir e um objeto que parecia um grande lençol descer à terra, pendurado pelas quatro pontas. Dentro do lençol havia todos os tipos de animais de quatro patas, de bichos que se arrastam e de aves voadoras. Então uma voz lhe disse:

—Levante-se, Pedro! Mate e coma!

Mas Pedro disse:

—De maneira nenhuma, Senhor! Eu nunca comi nada que fosse vulgar e impuro!

E a voz lhe falou pela segunda vez:

—Não chame de impuro aquilo que Deus purificou.

Isto aconteceu por três vezes e, depois, o objeto foi elevado de volta para o céu. Pedro estava tentando entender o que significava a visão que ele tivera. Enquanto isso, os homens que Cornélio tinha enviado já haviam perguntado onde era a casa de Simão e estavam agora no portão da casa. Eles chamaram e perguntaram se Simão, o qual era conhecido como Pedro, estava hospedado lá. Pedro ainda estava pensando a respeito da visão quando o Espírito lhe disse:

—Escute! Três homens estão procurando por você, portanto levante-se, desça para o andar de baixo da casa e vá com eles. Vá tranqüilo, pois fui eu que os mandei.

Pedro, então, desceu e disse aos homens:

—Eu sou aquele a quem vocês estão procurando. Por que vocês vieram?

Eles disseram:

—O comandante Cornélio nos enviou. Ele é um homem justo e teme a Deus e todos os judeus falam bem dele. Um anjo santo lhe disse que convidasse o senhor para ir até a casa dele, para que ele ouvisse o que o senhor tem a dizer.

Pedro, então, convidou-os a entrar e lhes deu acomodações. No dia seguinte, Pedro se aprontou e foi com eles, levando consigo alguns irmãos que viviam em Jope.

ESTUDO OITO

ATOS 10:24-28, 34-48; 11:19-26

Deus Não Trata com Parcialidade

No dia seguinte eles chegaram a Cesaréia e Cornélio, que tinha reunido seus parentes e amigos mais chegados, estava esperando por eles. Quando Pedro estava entrando, Cornélio foi ao seu encontro e, abaixando-se, ficou de joelhos diante dele. Mas Pedro o levantou e disse:

—Levante-se, pois eu sou apenas um homem como você.

Enquanto falava com Cornélio, Pedro entrou na casa e encontrou muitas pessoas reunidas ali. Então disse a todos:

—Vocês sabem que não é permitido a um judeu se associar ou mesmo visitar uma pessoa de outra raça. Deus, porém, me mostrou que não devo considerar ninguém vulgar ou impuro.

O discurso de Pedro

Então Pedro começou a falar:

—Agora eu entendo que Deus não faz diferença entre raças! Pelo contrário! Ele aceita as pessoas que o temem e que praticam o bem, não importando de que nação elas sejam. Vocês conhecem a mensagem que Ele enviou ao povo de Israel, proclamando as Boas Novas de paz através de Jesus Cristo, que é Senhor de todos. Vocês sabem de tudo o que aconteceu por toda a região da Judéia, começando pela Galiléia depois do batismo que João anunciou. Vocês sabem a respeito de Jesus de Nazaré e de como Deus o ungiu com o Espírito Santo e com poder. Vocês também sabem que Jesus andou por todos os lugares fazendo o bem e curando a todos os que estavam debaixo do poder do diabo, pois Deus estava com Ele. Nós somos testemunhas de tudo o que Ele fez na terra dos judeus e também em Jerusalém. E eles o mataram, pendurando-o numa cruz de madeira. Mas, ao terceiro dia, Deus o ressuscitou e fez com que Ele aparecesse para nós. Cristo não apareceu para todas as pessoas, mas somente a nós, testemunhas que Deus já tinha escolhido anteriormente. Nós comemos e bebemos com Ele depois de Deus o ter ressuscitado dos mortos. Ele também nos ordenou que anunciássemos para as pessoas e que testemunhássemos que Ele é o escolhido por Deus para ser juiz dos vivos e dos mortos. Todos os profetas testemunham a respeito dele dizendo que, em seu nome, todas as pessoas que acreditam nele recebem o perdão de seus pecados.

O Espírito Santo desce sobre os que não são judeus

Pedro ainda estava dizendo estas coisas quando o Espírito Santo desceu sobre todos os que estavam ouvindo a mensagem. Então, os judeus que criam em Jesus e que tinham ido com Pedro ficaram admirados, porque o dom do Espírito Santo tinha sido derramado também sobre pessoas que não eram do povo judeu, pois eles os ouviram falar em línguas e louvar a Deus. Então Pedro disse:

—Pode alguém proibir que estas pessoas sejam batizadas em água? Eles receberam o Espírito Santo da mesma forma como nós recebemos!

Então Pedro mandou que fossem batizados em nome de Jesus Cristo. Depois disso, pediram que Pedro ficasse com eles por alguns dias.

A igreja em Antioquia

Aqueles que tinham sido espalhados pela perseguição que houve no tempo de Estêvão tinham chegado até às regiões da Fenícia, de Chipre e da Antioquia, mas eles somente proclamavam a mensagem para aqueles que fossem judeus. Alguns deles, porém, de Chipre e Cirene, quando foram para Antioquia, começaram a falar também aos que não eram judeus. Eles falavam a todos a respeito das Boas Novas sobre o Senhor Jesus. O poder do Senhor estava com eles e um grande número de pessoas acreditou e se converteu ao Senhor. A igreja em Jerusalém ficou sabendo das coisas que estavam acontecendo em Antioquia e, então, lhes mandou Barnabé. Ao chegar a Antioquia, Barnabé ficou muito contente quando viu a graça de Deus e encorajou todos a permanecerem fiéis ao Senhor de todo o coração. Ele era um homem bom, cheio do Espírito Santo e de fé, e um grande número de pessoas se uniu ao Senhor.

Depois, Barnabé partiu para a cidade de Tarso à procura de Saulo e, quando o encontrou, levou-o consigo para Antioquia. Durante um ano inteiro eles se reuniram com a igreja de lá e ensinaram um grande número de pessoas. Foi também em Antioquia que os discípulos foram chamados cristãos pela primeira vez.

ESTUDO NOVE

ATOS 12:1-19; 13:1-12
Pedro Escapa da Prisão

Herodes persegue a igreja

Nesta ocasião, o rei Herodes prendeu alguns membros da igreja para os maltratar, e mandou matar Tiago, irmão de João, à espada. Quando percebeu que isto agradava aos judeus, Herodes mandou também prender Pedro. (Isto aconteceu durante os dias da Festa dos Pães Sem Fermento.) Depois de tê-lo prendido, Herodes o colocou na prisão, guardado por quatro grupos de soldados com quatro soldados em cada grupo. A sua intenção era de fazê-lo comparecer diante do povo, depois da Páscoa. Pedro estava preso, mas a igreja orava constantemente a Deus por ele.

Pedro escapa da prisão

Pedro estava dormindo entre dois soldados na noite antes de Herodes apresentá-lo ao povo. Ele estava amarrado com duas correntes e havia guardas vigiando a entrada da prisão. De repente, um anjo do Senhor apareceu e uma luz brilhou na cela. Ele tocou em Pedro e, acordando-o, disse-lhe:

—Levante-se depressa!

E nesse mesmo momento as correntes caíram de suas mãos. O anjo lhe disse:

—Vista-se e calce as suas sandálias.

Depois de Pedro ter feito isto, o anjo lhe disse:

—Vista a sua capa e siga-me.

Então Pedro o seguiu para fora da prisão. Ele não sabia que aquilo que o anjo estava fazendo era real, pois pensava que tudo não passava de uma visão que estava tendo. Depois de terem passado pelo primeiro e pelo segundo guarda, eles chegaram a um portão de ferro que dava para a cidade. Este se abriu sozinho e Pedro e o anjo saíram e continuaram pela rua. Depois, de repente, o anjo desapareceu. Então, Pedro caiu em si e disse:

—Agora eu entendo que tudo isto que está acontecendo é real! O Senhor enviou o seu anjo e ele me libertou das mãos de Herodes e de tudo o que os judeus queriam fazer comigo.

Quando Pedro entendeu o que estava acontecendo, foi até a casa de Maria, mãe de João, que também é conhecido como Marcos. Lá, muitas pessoas estavam reunidas e orando. Pedro bateu à porta e uma empregada chamada Rode foi ver quem era. Ao reconhecer a voz de Pedro, ela ficou tão alegre que, ao invés de abrir a porta, correu para dentro para anunciar que Pedro estava lá fora. Eles disseram a ela:

—Você está louca!

Mas, como insistia ela em dizer que era verdade, eles lhe disseram:

—É o anjo dele!

Pedro, no entanto, continuava a bater. Quando eles abriram a porta e o viram, ficaram espantados. Ele fez com a mão um sinal para que fizessem silêncio e lhes explicou como o Senhor o tinha tirado da prisão. Ele disse:

—Contem tudo isto a Tiago e aos outros irmãos.

Depois partiu e foi para outro lugar.

Quando amanheceu o dia, havia uma grande confusão entre os guardas. Eles não sabiam o que pensar sobre o que tinha acontecido com Pedro. Herodes procurou por Pedro em toda parte, mas não o encontrou. Então, depois de interrogar os guardas, mandou matá-los. Depois disso, Herodes deixou a região da Judéia e foi para a cidade de Cesaréia, onde permaneceu por algum tempo.

A missão de Barnabé e Saulo

Havia alguns profetas e professores na igreja de Antioquia. Eles eram: Barnabé; Simeão, que tinha como sobrenome Níger; Lúcio, de Cirene; Manaém, que tinha crescido com o governador Herodes; e Saulo. Enquanto eles estavam servindo ao Senhor e jejuando, o Espírito Santo lhes disse:

—Separem para mim Barnabé e Saulo, a fim de que eles façam o trabalho para o qual Eu os chamei.

Então, depois de terem jejuado e orado, puseram as mãos sobre eles e os deixaram partir. Portanto, tendo sido enviados pelo Espírito Santo, Barnabé e Saulo partiram para a Selêucia e de lá navegaram para Chipre.

Barnabé e Saulo em Chipre

Quando chegaram à cidade de Salamina, Barnabé e Saulo anunciaram a mensagem de Deus nas sinagogas dos judeus. (João estava com eles como ajudante.) Eles percorreram toda a ilha até chegarem à cidade de Pafos, onde encontraram um judeu mágico, falso profeta, chamado Barjesus. Ele estava a serviço de Sérgio Paulo, governador da ilha. Este era um homem muito inteligente, e mandou chamar a Barnabé e a Saulo, pois queria ouvir a mensagem de Deus. O mágico Elimas, porém, estava contra Barnabé e Saulo e tentou desviar o governador da fé. (Elimas era o nome grego de Barjesus.) Então Saulo, que também é conhecido como Paulo, cheio do Espírito Santo, olhou bem firme para Elimas e disse:

—Filho do Diabo! Você é inimigo de tudo o que é bom! Você está cheio de todo o tipo de malvadezas e malícias. Será que nunca vai parar de distorcer os retos caminhos do Senhor? Agora o poder do Senhor está sobre você! Ficará cego e, por algum tempo, não verá o sol.

Imediatamente um nevoeiro e uma escuridão caíram sobre ele e começou a dar voltas procurando alguém que o guiasse pela mão. Quando viu o que tinha acontecido, o governador acreditou, admirado com o ensino do Senhor.

ESTUDO DEZ

ATOS 14:26-28; 15:1-12, 22-41
O Concílio de Jerusalém

Dali eles navegaram para Antioquia onde tinham sido entregues aos cuidados de Deus para o trabalho que tinham agora terminado.

Ao chegarem, eles reuniram toda a igreja e contaram tudo o que Deus havia feito por meio deles e como Deus tinha aberto as portas da fé para aqueles que não eram judeus. E por muito tempo eles permaneceram lá com os discípulos.

A assembléia em Jerusalém

Alguns homens que tinham vindo da região da Judéia estavam ensinando os irmãos e diziam:

—Se vocês não forem circuncidados, de acordo com o costume de Moisés, não poderão ser salvos.

Paulo e Barnabé não concordavam com isso, e tiveram uma discussão muito forte com eles. Resolveu-se, então, mandar Paulo, Barnabé e alguns dos outros para Jerusalém a fim de falarem com os apóstolos e presbíteros a respeito dessa questão. Eles foram enviados pela igreja e atravessaram as regiões da Fenícia e de Samaria onde, falando a respeito da conversão dos que não eram judeus, causaram grande alegria entre os irmãos. Quando chegaram a Jerusalém, eles foram recebidos pela igreja, pelos apóstolos e pelos presbíteros e lhes contaram todas as coisas que Deus tinha feito por meio deles. Porém alguns dos fariseus que tinham crido se levantaram e disseram:

—É necessário que eles sejam circuncidados e que obedeçam à lei de Moisés.

Os apóstolos e os presbíteros se reuniram para considerar esta questão e, depois de uma longa discussão, Pedro se levantou e lhes disse:

—Irmãos, vocês sabem que no começo Deus me escolheu para que, pela minha boca, os que não são judeus pudessem ouvir a mensagem das Boas Novas e acreditar. E Deus, que conhece os corações das pessoas, mostrou que os aprovava dando a eles o Espírito Santo, exatamente da mesma forma que Ele fez conosco. Ele não fez nenhuma diferença entre nós e eles, purificando os corações deles por causa de sua fé. Por que agora vocês querem colocar Deus à prova, pondo sobre os ombros dos discípulos uma carga que nem nós nem nossos antepassados fomos capazes de carregar? Nós acreditamos que somos salvos pela graça do Senhor Jesus, exatamente como eles são.

Todos os que estavam na assembléia fizeram silêncio e escutaram a Barnabé e a Paulo enquanto eles descreviam todos os sinais e maravilhas que Deus tinha feito por meio deles entre os que não eram judeus.

A resposta da assembléia

Então os apóstolos e presbíteros, juntamente com toda a igreja, decidiram escolher entre eles alguns homens para mandá-los para a cidade de Antioquia com Paulo e Barnabé. Os escolhidos foram: Judas (conhecido como Barsabás) e Silas, líderes entre os irmãos. E eles também enviaram esta carta por meio deles:

"Nós, os apóstolos e presbíteros, irmãos de vocês, mandamos saudações aos irmãos que não são judeus das cidades de Antioquia, Síria e Cilícia.

Nós soubemos que alguns homens do nosso grupo foram até aí sem a nossa autorização e os preocuparam com suas palavras, perturbando as mentes de vocês. Nós todos chegamos a um acordo e decidimos escolher alguns homens e enviá-los a vocês com os nossos amados irmãos Barnabé e Paulo, que arriscaram suas próprias vidas pelo nome do nosso Senhor Jesus Cristo. Nós lhes estamos enviando Judas e Silas, e eles lhes dirão estas mesmas coisas pessoalmente. Pareceu bem ao Espírito Santo e a nós não pôr nenhuma carga sobre vocês, a não ser as coisas que são de fato necessárias, como estas:

Vocês não devem comer comidas oferecidas a ídolos, sangue, ou ainda animais que tenham sido estrangulados.
Vocês também não devem cometer imoralidades sexuais.
Vocês farão bem se ficarem longe dessas coisas.
Passem bem".

Então eles partiram e foram para a cidade de Antioquia. Lá eles reuniram a congregação e lhes entregaram a carta. Depois de ela ter sido lida pelos irmãos, todos ficaram muito contentes pelas palavras de encorajamento que a carta trouxe. Judas e Silas, que eram ambos profetas, falaram aos irmãos por muito tempo, encorajando-os e fortalecendo-os. Depois de terem passado algum tempo ali, os irmãos os enviaram de volta em paz, para que eles voltassem para aqueles que os tinham enviado. Paulo e Barnabé permaneceram ainda algum tempo na cidade de Antioquia e, juntamente com muitos outros, ensinavam e proclamavam a mensagem do Senhor.

Paulo e Barnabé se separam

Alguns dias mais tarde, Paulo disse a Barnabé:

—Vamos voltar e visitar os irmãos em todas as cidades onde já anunciamos a mensagem do Senhor para ver como eles estão indo.

Barnabé queria levar a João (que é conhecido como Marcos) com eles. Mas Paulo achava que seria melhor não levá-lo, pois ele já os tinha abandonado em Panfília uma vez e não os tinha acompanhado no trabalho. O desacordo entre eles foi tão forte que se separaram. Barnabé levou Marcos e navegou para a ilha de Chipre. Paulo escolheu a Silas e partiu, depois de ter sido entregue pelos irmãos aos cuidados do Senhor. Paulo passou pelas regiões da Síria e da Cilícia, sempre fortalecendo as igrejas.

ESTUDO ONZE

ATOS 16:6-40

O Testemunho de Paulo em Filipos

Eles passaram pelas regiões da Frígia e da Galácia, mas foram impedidos pelo Espírito Santo de proclamar a mensagem na Ásia. Quando chegaram perto da fronteira da Mísia, eles tentaram ir para a cidade de Bitínia, mas o Espírito de Jesus não deixou que eles fossem. Então eles atravessaram Mísia e chegaram a Trôade. Durante a noite, Paulo teve uma visão. Ele viu um homem da Macedônia de pé que lhe implorava:

—Venha para a Macedônia e ajude-nos.

Logo depois de Paulo ter tido a visão, nós imediatamente procuramos partir para a Macedônia, pois concluímos que Deus nos tinha chamado para proclamar as Boas Novas ao povo de lá.

A conversão de Lídia em Filipos

Nós embarcamos no porto de Trôade e seguimos diretamente para a ilha de Samotrácia e, no dia seguinte navegamos para Neápolis. De lá seguimos para Filipos, onde permanecemos por vários dias. Filipos é a cidade mais importante daquela região da Macedônia e é também colônia romana.

No sábado fomos até o rio que ficava fora dos portões da cidade, pois pensamos que lá acharíamos um lugar de oração. Nos sentamos e começamos a falar com as mulheres que estavam lá reunidas. Uma das mulheres presentes chamava-se Lídia, e era negociante de roupas finas da cidade de Tiatira. Ela temia a Deus e estava nos escutando; o Senhor abriu-lhe o coração para que ela prestasse atenção às coisas que Paulo dizia. Depois de ela e de todas as pessoas de sua casa terem sido batizadas, ela nos convidou, dizendo:

—Se vocês acham que eu sou fiel ao Senhor, então fiquem em minha casa.

E ela nos convenceu.

Paulo e a escrava

Aconteceu que, quando estávamos indo para o lugar de oração, uma jovem escrava veio ao nosso encontro. Ela tinha um espírito oracular e dava muitos lucros aos seus donos, adivinhando o futuro. Ela seguia a Paulo e a nós e gritava:

—Estes homens são servos do Deus Altíssimo! Eles estão anunciando a vocês o caminho da salvação!

Isso se repetiu por vários dias até que Paulo, ficando aborrecido, virou-se e disse ao espírito:

—Em nome de Jesus Cristo eu lhe ordeno que saia dela!

E naquele mesmo instante o espírito saiu dela.

Paulo e Silas são presos

Quando os donos da escrava viram que sua fonte de lucros tinha secado, agarraram a Paulo e a Silas e os arrastaram à praça pública, diante das autoridades. Eles os levaram para os oficiais romanos e disseram:

—Estes homens são judeus e estão fazendo desordens em nossa cidade! Eles estão ensinando costumes que estão fora da nossa lei e que nós, os romanos, não podemos aceitar nem tampouco praticar.

A multidão se juntou para atacá-los e os oficiais romanos, então, rasgaram as roupas de Paulo e de Silas e mandaram que eles fossem açoitados com varas. Depois de terem batido bastante neles, os oficiais os atiraram na prisão e ordenaram ao carcereiro que os vigiasse com toda a segurança. Depois de receber tal ordem, o carcereiro os levou para a prisão interior e prendeu os pés deles em pedaços de madeira pesados.

A conversão do carcereiro

Mais ou menos à meia-noite, Paulo e Silas estavam orando e cantando hinos a Deus, enquanto os outros prisioneiros os escutavam. De repente, houve um terremoto tão grande que abalou até os alicerces da prisão. Nesse instante todas as portas se abriram e quebraram-se todas as correntes que prendiam os presos. O carcereiro acordou e, quando viu as portas da prisão abertas, pensou que os prisioneiros tinham fugido. Então, tirou a espada para se matar, mas Paulo gritou, dizendo:

—Não faça nenhum mal a si mesmo, pois estamos todos aqui.

O carcereiro, então, pediu luz e, entrando depressa, ajoelhou-se aos pés de Paulo e Silas tremendo de medo. Depois, levando-os para fora, disse-lhes:

—Senhores, o que devo fazer para ser salvo?

Eles disseram:

—Creia no Senhor Jesus e você será salvo, você e toda a sua casa.

E lhe anunciaram a mensagem do Senhor, como também a todos os que estavam em sua casa. O carcereiro os levou, àquela hora da noite mesmo, e lavou os ferimentos deles. Logo depois ele e todos os da sua família foram batizados. Depois ele levou Paulo e Silas para sua casa e lhes deu comida. Então, tanto ele como toda a sua família ficaram muito felizes por terem acreditado em Deus.

Libertação de Paulo e Silas

Assim que amanheceu, os oficiais romanos enviaram alguns de seus guardas, dizendo: "Soltem esses homens". Então, o carcereiro disse estas palavras a Paulo:

—Os oficiais romanos mandaram soltar vocês. Vocês podem ir em paz, agora.

Mas Paulo disse aos guardas:

—Nós somos cidadãos romanos, mas mesmo assim, sem um processo formal, eles nos açoitaram publicamente e nos jogaram na prisão. Agora eles querem nos mandar embora às escondidas? Isso não! Eles que venham até aqui em pessoa e nos soltem!

Os guardas disseram estas coisas para os oficiais romanos, e estes ficaram com medo quando souberam que eles eram cidadãos romanos. Então os oficiais foram pedir desculpas a eles e, depois de libertá-los, pediram-lhes que saíssem da cidade. Ao saírem da prisão, Paulo e Silas foram para a casa de Lídia. Lá eles encontraram os irmãos e, depois de encorajá-los, foram embora.

ESTUDO DOZE

ATOS 17:1-34

Novamente Em Viagem

Paulo e Silas em Tessalônica

Depois de terem passado por Anfípolis e Apolônia, Paulo e Silas chegaram a Tessalônica, onde havia uma sinagoga de judeus.

Paulo foi até lá, como era seu costume fazer e, durante três sábados, discutiu as Escrituras com os judeus, explicando e provando a eles que Jesus tinha de sofrer e ressuscitar dos mortos. Ele dizia:

—Este Jesus que eu estou anunciando a vocês é o Cristo. Alguns deles ficaram persuadidos e se juntaram a Paulo e Silas. Juntaram-se a eles também um grande número de gregos que temiam a Deus e muitas mulheres importantes. Os judeus, porém, ficaram com muita inveja e, juntando alguns malandros de rua, formaram um grupo de desordeiros. Esse grupo agitou a cidade e atacou a casa de Jasom à procura de Paulo e Silas para entregá-los ao povo. Não os encontrando lá, o grupo arrastou a Jasom e a alguns dos irmãos para as autoridades da cidade. Eles gritavam:

—Estes homens que têm transtornado o mundo chegaram também aqui.

Eles estão hospedados na casa de Jasom e todos desobedecem às leis de César, dizendo que há um outro rei, Jesus. Ao ouvirem essas coisas, tanto a multidão como as autoridades da cidade ficaram muito agitadas. Então, fizeram Jasom e os irmãos pagarem uma fiança e depois os soltaram.

Paulo e Silas na cidade de Beréia

Assim que anoiteceu, os irmãos fizeram com que Paulo e Silas partissem para a cidade de Beréia. Ao chegarem lá, eles foram para a sinagoga dos judeus. As pessoas daquela cidade eram mais nobres do que as de Tessalônica, pois receberam a mensagem com grande entusiasmo. Eles examinavam as Escrituras todos os dias para ver se o que Paulo dizia era realmente verdadeiro. Com isso muitos deles acreditaram, juntamente com muitas mulheres gregas importantes e muitos homens gregos. Quando os judeus de Tessalônica souberam que Paulo estava em Beréia proclamando a mensagem de Deus, foram até lá para promover desordens entre o povo e para agitá-lo contra Paulo. Os irmãos, então, imediatamente, mandaram Paulo para o litoral, mas Silas e Timóteo ficaram em Beréia. Aqueles que eram responsáveis por Paulo levaram-no até a cidade de Atenas. Depois eles partiram levando instruções para que Silas e Timóteo fossem encontrá-lo em Atenas o mais depressa possível.

Paulo em Atenas

Enquanto Paulo esperava por Timóteo e Silas em Atenas, o seu espírito se revoltou, pois ele viu que a cidade estava cheia de ídolos. Na sinagoga ele discutia com os judeus e com os gregos que temiam a Deus. E todos os dias, na praça principal, discutia com aqueles que se encontravam ali.

Um grupo de filósofos epicureus e estóicos começaram a discutir com ele, e alguns diziam:

—O que esse tagarela está querendo dizer? Outros diziam:

—Parece que ele está anunciando deuses estranhos.

(Eles diziam isso porque Paulo estava falando a respeito de Jesus e da ressurreição).

Paulo, então, foi levado até o Areópago. Lá eles lhe disseram:

—Podemos saber que novo ensino é esse que você está nos apresentando? Você está trazendo coisas estranhas aos nossos ouvidos e, por isso, gostaríamos de saber o que elas significam.

(Eles fizeram isso porque tanto os atenienses como os estrangeiros que lá viviam não faziam mais nada a não ser contar ou ouvir a respeito das últimas novidades).

O discurso de Paulo em Atenas

Paulo, então, se levantou no Areópago e disse:

—Homens de Atenas! Vejo que vocês são bastante religiosos em tudo, pois, ao andar por aqui observei os objetos de adoração de vocês. Eu encontrei até mesmo um altar no qual estava escrito: "Ao deus desconhecido". E é esse Deus—que vocês adoram mas que desconhecem—que eu estou anunciando a vocês. Esse Deus fez o mundo e tudo o que nele existe e, desde que Ele é o Senhor do céu e da terra, Ele não mora em templos feitos por mãos humanas. Ele não é servido por mãos humanas como se precisasse de alguma coisa, mas é Ele quem dá vida, respiração e tudo o mais a todos. Ele fez todas as raças de homens de um só homem para que eles habitassem toda a terra, e determinou também os tempos e as fronteiras dos lugares onde eles viveriam. Ele fez isso com a esperança de que os homens buscassem a Deus e que, procurando, o encontrassem, pois Ele não está longe de nenhum de nós. "Nele vivemos, nos movemos e existimos" e assim como também alguns dos próprios poetas de vocês disseram: "Somos filhos dele". Portanto, desde que somos filhos de Deus, não deveríamos pensar que a divindade é como ouro, prata ou pedra, trabalhados pela arte e pela imaginação do homem. No passado Deus não levou em conta tal ignorância. Agora, porém, Ele manda que todas as pessoas em todos os lugares se arrependam de seus pecados, pois Ele tem um dia reservado, no qual irá julgar o mundo. Ele julgará o mundo com justiça, por meio de um homem que ele apontou e aprovou diante de todos, ressuscitando-o dos mortos.

Quando ouviram Paulo falar a respeito de ressurreição dos mortos, alguns deles riram, outros, porém, disseram:

—Queremos ouvir você falar sobre isto numa outra ocasião.

Paulo, então, foi embora dali. Algumas pessoas juntaram-se a ele e acreditaram. Entre eles estavam Dionísio, que era membro do Areópago, uma mulher chamada Dâmaris e alguns outros.

ESTUDO TREZE

ATOS 18:1-11, 18-28
Ensinando e Pregando

Em Corinto

Depois disto, Paulo deixou a cidade de Atenas e foi para Corinto. Lá ele encontrou um judeu chamado Áquila, natural da região do Ponto. Ele e sua esposa, Priscila, tinham vindo da Itália há pouco tempo, porque o imperador Cláudio tinha decretado que todos os judeus saíssem de Roma. Paulo, então, foi visitá-los e acabou ficando ali para trabalhar com eles, pois tinham a mesma profissão—fazer tendas. Todos os sábados Paulo discutia na sinagoga e tentava convencer tanto os judeus como aqueles que não eram judeus.

Quando Silas e Timóteo chegaram da Macedônia, Paulo passou a dedicar todo o seu tempo à proclamação da mensagem, testemunhando aos judeus que Jesus é o Cristo. Quando os judeus se opuseram a Paulo e o insultaram, ele sacudiu a poeira de suas roupas como uma advertência contra eles e lhes disse:

—Se vocês se perderem, a culpa será somente de vocês. A minha consciência está tranqüila e, de agora em diante, eu irei para os que não são judeus.

E, saindo dali, Paulo foi para a casa de Tício Justo, homem temente a Deus e que morava ao lado da sinagoga. Tanto Crispo, o chefe da sinagoga, como toda a sua família, creram no Senhor. Muitos dos coríntios, que também ouviram a Paulo, creram e foram batizados. Uma noite o Senhor disse a Paulo em sonho:

—Não tenha medo. Continue falando às pessoas e não desista, pois eu estou com você. Ninguém lhe atacará ou lhe fará mal, porque tenho muitas pessoas nesta cidade.

Então Paulo permaneceu ali por um ano e meio, ensinando a mensagem de Deus entre eles.

Paulo volta para Antioquia

Paulo permaneceu ali ainda por vários dias, mas depois despediu-se dos irmãos e navegou para a Síria, juntamente com Priscila e Áqüila. Em Cencréia Paulo raspou a cabeça, pois tinha feito uma promessa a Deus. Depois eles chegaram à cidade de Éfeso, onde Paulo deixou a Priscila e Áqüila. Ele mesmo, porém, entrando na sinagoga, discutia com os judeus. Estes lhe pediram para que ficasse com eles por mais tempo, mas Paulo recusou e, ao partir, disse:

—Se Deus quiser, eu voltarei.

E partiu da cidade de Éfeso.

Depois de chegar a Cesaréia, ele foi para Jerusalém. Ali cumprimentou a igreja e, em seguida, partiu para a cidade de Antioquia. Depois de ter permanecido lá por algum tempo, Paulo partiu e viajou de cidade em cidade por toda a região da Galácia e da Frígia, fortalecendo a todos os discípulos.

Apolo em Éfeso

Nesse meio tempo, chegou a Éfeso um judeu chamado Apolo, natural da cidade de Alexandria. Ele era um bom orador e conhecia muito bem as Escrituras. Ele tinha sido instruído no caminho do Senhor; falava com bastante entusiasmo e ensinava de maneira correta a respeito de Jesus, apesar de conhecer somente o batismo de João. Ele falava sem medo na sinagoga e, quando Priscila e Áqüila o ouviram, chamaram-no de lado e lhe explicaram melhor o caminho de Deus. Apolo, então, quis ir para a região da Acaia. Os irmãos o encorajaram e escreveram aos discípulos de lá pedindo que o recebessem bem quando ele chegasse. Ele foi uma grande ajuda para aqueles que, pela graça, tinham acreditado, pois derrotava os argumentos dos judeus em público e com muita coragem, provando pelas Escrituras que Jesus é o Cristo.

ESTUDO QUATORZE

ATOS 19:1-12, 23-41; 20:7-12

Tumultos e Milagres

Paulo em Éfeso

Enquanto Apolo estava na cidade de Corinto, Paulo viajou pelo interior do continente e chegou até Éfeso. Lá encontrou alguns discípulos e perguntou-lhes:

—Vocês receberam o Espírito Santo quando creram?

Eles lhe responderam:

—Nós nem sequer ouvimos dizer que existe um Espírito Santo.

Paulo lhes perguntou:

—Então, que tipo de batismo vocês receberam?

Eles responderam:

—O batismo de João.

Paulo disse:

—O batismo de João era um batismo baseado em arrependimento; ele dizia que as pessoas deviam acreditar naquele que viria depois dele, isto é, em Jesus.

Quando ouviram isto, eles foram batizados em nome do Senhor Jesus. E, quando Paulo colocou suas mãos sobre eles, o Espírito Santo veio sobre todos e eles começaram a falar em línguas e a profetizar. Eram ao todo uns doze homens.

Durante três meses Paulo continuou a ir à sinagoga, onde com muita coragem discutia e tentava convencer a todos a respeito do reino de Deus. Alguns deles, porém, eram teimosos, se recusavam a acreditar e, ainda por cima, falavam coisas más a respeito do Caminho do Senhor na frente de todos. Por isso, Paulo os deixou e foi-se embora, levando consigo os discípulos. Depois começou a ensinar todos os dias na escola de um homem chamado Tirano. E continuou a fazer isso durante dois anos, até que todas as pessoas que viviam na região da Ásia (tanto os judeus como os que não eram judeus) ouviram a mensagem do Senhor. Deus fazia milagres tão grandes pelas mãos de Paulo que até mesmo lenços e roupas do seu uso pessoal eram levados aos doentes e eles ficavam curados e os demônios se retiravam.

Nessa ocasião houve um grande tumulto na cidade de Éfeso por causa do Caminho do Senhor. Tudo começou quando Demétrio, um ourives, convocou uma reunião com todos os que estavam envolvidos em trabalhos desse tipo. (Essas pessoas faziam miniaturas de prata do templo da deusa Diana e esse negócio lhes dava muito lucro). Demétrio disse a todos:

—Homens! Vocês sabem que este trabalho nos dá um bom lucro.

Como vocês podem ver e ouvir, esse tal de Paulo anda persuadindo e desencaminhando muita gente, dizendo que os deuses feitos por mãos humanas não são deuses. E isso vem acontecendo não só em Éfeso, mas também em quase toda a região da Ásia. Isso é muito perigoso, pois pode trazer má fama para os nossos negócios. E também pode fazer com que o templo da grande deusa Diana perca todo o seu prestígio. Há ainda o perigo de que a majestade de Diana—deusa adorada não somente na Ásia como também em todo o mundo—seja destruída.

Ao ouvirem isto, todos ficaram furiosos e começaram a gritar:

—Viva a grande Diana dos Efésios!

E a confusão tomou conta da cidade! A multidão agarrou os macedônios Gaio e Aristarco, companheiros de viagem de Paulo, e correram para o teatro. Paulo queria se apresentar ao povo, mas os discípulos não deixaram. Alguns amigos de Paulo, autoridades provinciais, mandaram-lhe um recado pedindo-lhe que não fosse ao teatro. Algumas pessoas gritavam uma coisa, outras gritavam outra e toda a assembléia estava numa total confusão. A maior parte deles não sabia nem a razão de estarem todos reunidos. Então os judeus empurraram Alexandre para a frente e alguns que estavam entre a multidão lhe deram instruções sobre o que falar. Alexandre fez um sinal com a mão e tentou explicar ao povo o que estava acontecendo. Quando as pessoas da multidão, porém, se deram conta de que ele também era judeu, puseram-se a gritar todos juntos:

—Viva a grande Diana dos Efésios! E isto durou mais ou menos duas horas.

Então o secretário da cidade acalmou a multidão e disse:

—Povo de Éfeso! Há alguém no mundo que não saiba que a cidade de Éfeso é a guardiã do templo da grande Diana e da pedra sagrada que caiu do céu? Desde que ninguém pode negar isso, então fiquem calmos e não façam nada precipitadamente. Por que vocês trouxeram estes homens até aqui? Eles não roubaram nenhum templo e tampouco disseram coisas más a respeito da nossa deusa! Se Demétrio e seus companheiros têm alguma acusação contra alguém, os tribunais estão abertos e, além do mais, existem os governadores. Eles que se acusem uns aos outros lá. Mas, se vocês querem saber mais alguma coisa, isso tem que ser resolvido em uma assembléia legal. Do jeito que as coisas estão, há o perigo de sermos acusados de subversão pelo que aconteceu hoje. Pois não há motivo algum que possamos alegar para justificar este alvoroço.

E, depois de dizer isto, despediu a assembléia.

Paulo em Trôade

No primeiro dia da semana, nós nos reunimos para partir o pão. Paulo ia viajar no dia seguinte e, como estávamos reunidos, começou a falar com eles e continuou falando até a meia-noite. Na sala onde estávamos, no andar de cima, havia muitas lamparinas acesas. Um jovem chamado Êutico estava sentado no parapeito da janela e pegou num sono profundo durante o prolongado discurso de Paulo. Depois de estar completamente dominado pelo sono, o jovem caiu do terceiro andar e, quando o levantaram, ele já estava morto. Paulo desceu até onde estava Êutico, abraçou-o e disse:

—Não se preocupem, pois o rapaz está vivo.

Em seguida ele voltou para o andar de cima, repartiu o pão e comeu. Depois continuou a falar até raiar o dia, quando partiu. Quanto ao jovem Êutico, este foi levado para casa vivo e todos ficaram grandemente confortados.

ESTUDO QUINZE

ATOS 20:17-24, 32-38; 21:17-19

A Surpreendente Corrida de Paulo

A mensagem de Paulo aos presbíteros de Éfeso

De Mileto ele mandou chamar os presbíteros da igreja de Éfeso. Quando eles chegaram, Paulo lhes disse:

—Vocês sabem como eu me comportei durante todo o tempo que estive com vocês, desde o primeiro dia que cheguei na Ásia. Eu servi ao Senhor com toda a humildade, com lágrimas, apesar dos muitos problemas que tive por causa das ciladas que os judeus me prepararam. Vocês sabem que eu não hesitei em lhes anunciar nada, desde que fosse para o bem de vocês, e de como lhes ensinei tanto publicamente como de casa em casa. Testemunhei tanto aos judeus como aos que não são judeus a respeito de como era necessário que eles se arrependessem, que voltassem a Deus e que tivessem fé em nosso Senhor Jesus. E agora vou para Jerusalém, obrigado pelo Espírito, sem saber o que vai me acontecer por lá. A única coisa que sei é que em todas as cidades o Espírito Santo me avisa que prisões e sofrimentos estão à minha espera. Porém, não dou valor à minha própria vida a fim de poder terminar a corrida e a missão que recebi do Senhor Jesus para testemunhar a respeito das Boas Novas da graça de Deus.

—Agora portanto, eu os entrego a Deus e à mensagem da sua graça, pois ela é capaz de fortalecê-los e de lhes dar a herança entre todo o povo santo de Deus. Não cobicei nem a prata, nem o ouro e nem a roupa de ninguém, e vocês mesmos sabem como trabalhei com minhas próprias mãos para ter o necessário não só para mim como também para os meus companheiros. Em tudo lhes mostrei que, trabalhando assim, devemos ajudar os necessitados e recordar as palavras do próprio Senhor Jesus: "Quem dá é mais feliz do que quem recebe".

Depois de ter dito todas essas coisas, ele se ajoelhou e orou com todos eles. E todos choraram muito e o abraçaram e beijaram, pois estavam muito tristes pelo fato de Paulo dizer que eles não voltariam a vê-lo. Depois disso, eles o acompanharam até o navio.

A chegada de Paulo a Jerusalém e a visita a Tiago

Quando chegamos a Jerusalém, fomos recebidos com alegria pelos irmãos. No dia seguinte, Paulo nos acompanhou em visita a Tiago e todos os presbíteros da igreja estavam lá reunidos. Paulo cumprimentou a todos e contou-lhes, uma por uma, todas as coisas que Deus tinha feito entre os que não eram judeus por meio do seu trabalho.

ESTUDO DEZESSEIS

ATOS 21:27–22:3, 17-29

Esta é a Minha História

Quando os sete dias da purificação estavam para acabar, alguns judeus da região da Ásia viram a Paulo no templo. Eles alvoroçaram toda a multidão e, agarrando-o, gritaram:

—Homens de Israel, ajudem-nos! Este é o homem que anda por toda parte ensinando a todos coisas que são contra o nosso povo, contra a lei de Moisés e contra este lugar. E agora ele trouxe até mesmo homens que não são judeus para dentro do templo, sujando este lugar santo.

(Eles tinham dito isto porque tinham visto Paulo na cidade em companhia de Trófimo, um efésio, e assumiram que Paulo o tinha levado ao templo.)

Toda a cidade ficou agitada, e o povo corria, vindo de todos os lados. Eles agarraram a Paulo e o arrastaram para fora do templo, fechando as portas logo em seguida.

Enquanto procuravam matá-lo, o comandante de um batalhão romano foi informado de que toda a cidade de Jerusalém estava em completo alvoroço. Ele imediatamente reuniu alguns soldados e oficiais e correu para o meio do povo. Quando o povo viu o comandante e os soldados, parou de bater em Paulo. O comandante, então, chegando perto de Paulo, prendeu-o e mandou que o amarrassem com duas correntes. Depois, dirigiu-se ao povo e perguntou-lhes quem ele era e o que tinha feito. Na multidão, uns gritavam uma coisa e outros, outra. Ele, porém, não podendo apurar a verdade por causa do tumulto, ordenou que Paulo fosse levado para o quartel. Quando chegaram às escadas, os soldados tiveram que carregá-lo no alto por causa da violência da multidão que, seguindo-o, gritava:

—Matem-no!

Eles estavam prestes a entrar no quartel quando Paulo disse ao comandante:

—Posso falar com o senhor?

O comandante respondeu:

—Oh! Você fala grego? Você não é o egípcio que há algum tempo atrás organizou uma revolta e levou quatro mil terroristas para o deserto?

Paulo disse:

—Não! Eu sou judeu, cidadão de Tarso, cidade importante da Cilícia. Eu lhe peço que me deixe falar com o povo.

Quando o comandante lhe deu permissão, Paulo se colocou de pé nos degraus e fez sinal com a mão para que a multidão fizesse silêncio. Depois que todos ficaram quietos, Paulo começou a falar-lhes em língua hebraica:

A defesa de Paulo

—Irmãos e pais! Escutem o que vou dizer em minha defesa.

(Quando a multidão ouviu que ele lhes falava em hebraico, ficou ainda mais quieta.)

Então Paulo disse:

—Eu sou judeu e nasci na cidade de Tarso, na Cilícia, mas cresci nesta cidade. Fui aluno de Gamaliel e com ele estudei profundamente a lei dos nossos antepassados. Eu era dedicado a Deus exatamente como todos vocês são hoje.

—Eu voltei para Jerusalém e, quando estava orando no templo, tive uma visão. E eu vi aquele que estava me dizendo: "Saia imediatamente de Jerusalém, pois este povo não aceitará o seu testemunho a meu respeito". Então eu disse: "Senhor, estas pessoas sabem que eu percorri sinagogas, colocando na prisão e açoitando os que acreditavam no senhor. Elas sabem também que eu estava presente quando o sangue de Estêvão, a sua testemunha, foi derramado. E elas até sabem que eu aprovei aquele crime e que tomei conta das capas dos que o mataram". Mas Ele me disse: "Vá, pois Eu vou enviá-lo para muito longe, para povos que não são judeus".

Paulo e o comandante romano

Eles escutaram o que Paulo tinha a dizer até aquele ponto, mas depois começaram a gritar, dizendo:

—Tirem esse homem da terra, pois ele não merece viver!

E, enquanto gritavam, eles atiravam suas capas e jogavam poeira para cima. O comandante, então, ordenou que Paulo fosse levado para o quartel e que, com açoites, fosse interrogado para saber o motivo pelo qual a multidão gritava tanto contra ele. Mas quando eles o amarraram para açoitá-lo, Paulo perguntou ao oficial que estava perto dele:

—Vocês têm permissão para açoitar um cidadão romano, sem este estar condenado?

Quando o oficial ouviu isto, foi ao comandante e disse:

—Veja bem o que o senhor vai fazer, pois este homem é um cidadão romano.

O comandante, então, aproximando-se de Paulo, perguntou:

—Diga-me uma coisa: Você é realmente cidadão romano?

E Paulo respondeu:

—Sim, sou.

O comandante então disse:

—A mim custou muito dinheiro para conseguir ser cidadão romano.

Ao que Paulo respondeu:

—Mas eu sou cidadão romano de nascimento.

Imediatamente os homens que estavam ali para interrogá-lo afastaram-se dele e o comandante ficou com medo quando soube que tinha mandado amarrar um romano.

ESTUDO DEZESSETE

ATOS 22:30–23:24, 31-35

Um Juramento Assassino

Paulo diante do Conselho Superior

O comandante queria saber exatamente porque Paulo estava sendo acusado pelos judeus. Então, depois de soltá-lo, mandou reunir em assembléia os líderes dos sacerdotes e todo o Conselho Superior. Depois ele mandou trazer Paulo e o colocou diante deles.

Paulo olhou bem para os membros do Conselho e disse:

—Irmãos! Eu tenho vivido com a consciência limpa diante de Deus até o dia de hoje.

Então Ananias, o sumo sacerdote, mandou que os homens que estavam perto de Paulo lhe batessem na boca. Paulo, então, lhe disse:

—Deus vai bater em você, parede branqueada! Você está aí sentado para me julgar de acordo com a lei e, contra a lei, manda me bater?

Os homens que estavam perto dele lhe disseram:

—Como é que você insulta assim o sumo sacerdote de Deus?

Paulo respondeu:

—Irmãos, eu não sabia que ele era o sumo sacerdote; as Escrituras dizem: "Não fale mal do líder do seu povo".

Quando Paulo percebeu que alguns homens do Conselho eram do partido dos saduceus e que outros eram do partido dos fariseus, falou bem alto:

—Irmãos! Eu sou fariseu e filho de fariseu, e estou sendo julgado por causa da esperança que tenho na ressurreição dos mortos.

Depois de terem ouvido Paulo dizer isto, os fariseus e os saduceus começaram a discutir e a assembléia se dividiu. (Os saduceus dizem que não há ressurreição e também que não existem nem anjos nem espíritos, mas os fariseus acreditam em tudo isso.) Todos os judeus começaram a gritar e alguns professores da lei do partido dos fariseus se levantaram e começaram a protestar:

—Não encontramos nada contra este homem; e será que algum espírito ou anjo falou com ele?

A discussão se tornou tão violenta que o comandante ficou com medo que Paulo fosse despedaçado por eles. Então mandou que os soldados fossem até lá, tirassem Paulo do meio deles e que o levassem de volta para o quartel. Na noite seguinte, o Senhor se colocou ao lado de Paulo e disse:

—Tenha coragem! Assim como você testemunhou a meu respeito em Jerusalém, você também terá de fazer o mesmo em Roma.

O plano para matar Paulo

No dia seguinte, os judeus se reuniram e fizeram um juramento que não comeriam nem beberiam nada até que matassem Paulo. (E o número de homens que conspiravam contra Paulo era de mais de quarenta.) Depois, foram falar com os líderes dos sacerdotes e com os anciãos, dizendo:

—Juramos que não comeremos nada até que matemos Paulo. Portanto, o que vocês e o Conselho têm que fazer é mandar dizer ao comandante para trazê-lo até aqui, dizendo que querem examinar o caso dele mais de perto. Estaremos prontos para matá-lo antes que ele chegue.

O filho da irmã de Paulo, porém, ouviu todo o plano e correu para o quartel a fim de avisar Paulo. Paulo, então, chamou um dos oficiais e disse:

—Leve este rapaz até o comandante, pois tem uma coisa para dizer a ele.

O oficial levou o rapaz até o comandante e disse:

—O prisioneiro Paulo me chamou e pediu que eu trouxesse este rapaz até o senhor pois parece que ele tem alguma coisa para lhe dizer.

O comandante levou o rapaz pela mão até um lugar onde poderiam conversar e perguntou-lhe:

—O que você quer me dizer, rapaz?

Ele disse:

—Os judeus combinaram pedir ao senhor que levasse Paulo até o Conselho amanhã com a desculpa de querer examinar o caso dele mais de perto. Não acredite nisso! Mais de quarenta homens estão escondidos à espera de Paulo para matá-lo. Eles fizeram um juramento de não comer nem beber nada até que o matem. Está tudo pronto; eles só precisam da sua permissão.

O comandante, então, disse:

—Você pode ir embora agora, mas não diga a ninguém que me contou essas coisas.

Paulo é enviado ao governador Félix

Depois que o rapaz foi embora, o comandante mandou chamar dois oficiais e disse:

—Preparem duzentos soldados, setenta cavaleiros e duzentos lanceiros para ir até a cidade de Cesaréia. Estejam prontos às nove horas da noite. Mandem preparar um cavalo para Paulo e levem-no em segurança até o governador Félix.

Os soldados cumpriram as ordens que receberam e, durante a noite, levaram Paulo para a cidade de Antipátride. No dia seguinte, os cavaleiros seguiram com Paulo, mas o restante dos soldados retornou para o quartel. Quando chegaram à cidade de Cesaréia, eles deram a carta ao governador e também lhe entregaram Paulo. O governador leu a carta e perguntou a Paulo de que província ele era. Quando soube que era da Cilícia, disse:

—Eu o ouvirei assim que os homens que o acusam chegarem. Então mandou que Paulo fosse mantido preso no palácio de Herodes.

ESTUDO DEZOITO

ATOS 25:23–26:32

O Testemunho Vivo de Paulo

Então, no dia seguinte, Agripa e Berenice chegaram com grande pompa e entraram na sala da audiência juntamente com os comandantes militares e com os homens mais importantes da cidade. Festo mandou que Paulo fosse levado até aquele auditório e depois disse:

—Rei Agripa e todos os que estão presentes aqui! Vejam este homem! Toda a comunidade dos judeus, tanto daqui de Cesaréia como da cidade de Jerusalém, recorreu a mim gritando que este homem devia morrer. Eu, entretanto, não acho que ele tenha feito nada que mereça a morte. Ele apelou para ser julgado pelo imperador e eu, então, decidi enviá-lo a César. Eu não tenho nada de concreto para escrever a respeito dele ao soberano. Por isso resolvi trazê-lo diante de todos aqui hoje—e especialmente diante do senhor, rei Agripa, para que, depois do interrogatório, eu tenha alguma coisa para escrever. Pois me parece absurdo mandar um prisioneiro para julgamento sem indicar as acusações feitas contra ele.

A defesa de Paulo

Então Agripa disse a Paulo: —Agora você pode se defender.

Paulo estendeu a mão e começou a sua defesa:

—Rei Agripa. Estou muito feliz por ser diante do senhor que vou apresentar hoje minha defesa contra todas as coisas das quais os judeus estão me acusando, especialmente levando-se em conta todo o seu conhecimento a respeito de todos os costumes e problemas dos judeus. Portanto, peço-lhe que me escute com paciência.

—Todos os judeus sabem que eu tenho vivido em meu país e em Jerusalém desde que era jovem. Eles me conhecem há muito tempo e podem, se quiserem, testemunhar que vivi como fariseu de acordo com a seita mais rigorosa da nossa religião. Hoje eu estou sendo julgado por causa da esperança que tenho na promessa que Deus fez a nossos antepassados. As doze tribos de Israel servem a Deus dia e noite na esperança de receber essa mesma promessa. E é por causa dessa esperança, ó rei, que estou sendo acusado pelos judeus. Por que parece inacreditável a vocês que Deus ressuscite os mortos? Eu mesmo pensava que tinha de fazer tudo o que pudesse contra o nome de Jesus de Nazaré e foi exatamente isso o que fiz em Jerusalém. Eu recebi uma autorização dos líderes dos sacerdotes e, com ela, coloquei muitos do povo de Deus na prisão. Quando eles eram condenados à morte, o meu voto também estava contra eles. Muitas vezes eu os castiguei por todas as sinagogas e tentei até forçá-los a insultar Jesus. Eu estava tão enfurecido contra eles que continuava a persegui-los mesmo em cidades estrangeiras.

—Numa dessas viagens, quando ia para a cidade de Damasco, eu levava uma autorização e também ordens dos líderes dos sacerdotes. Era por volta do meio-dia e eu já estava a caminho quando vi, ó rei, uma luz do céu. Ela brilhava mais que o sol e iluminou a mim e a todos os que estavam comigo. Todos nós caímos ao chão e então ouvi uma voz que me dizia, em hebraico: "Saulo, Saulo, por que você me persegue? Você está machucando a si mesmo, como o boi que dá coice contra a ponta do ferrão".

—Então perguntei: "Quem é o senhor?" E Ele me respondeu: "Eu sou Jesus, a quem você está perseguindo. Mas levante-se e fique de pé. Eu apareci a você para que me sirva de servo e testemunha, tanto com relação ao que você já viu como também com relação ao que Eu ainda vou lhe mostrar. Vou livrá-lo tanto dos povos judeus como também dos que não são judeus, para os quais vou mandá-lo. Eu vou mandá-lo a eles para que você lhes abra os olhos a fim de que eles se voltem da escuridão para a luz e do poder de Satanás para Deus. Dessa forma, pela fé em mim, eles receberão perdão dos seus pecados e passarão a fazer parte do povo santo de Deus".

—Portanto, Rei Agripa, eu obedeci à visão celestial que tive. Comecei a anunciar aos de Damasco. De lá fui para a cidade de Jerusalém e, depois, viajei por toda a região da Judéia, anunciando inclusive para os que não são judeus. Eu anunciava que eles deviam se arrepender e voltar para Deus e também que tudo o que fizessem deveria mostrar que eles estavam realmente arrependidos. Foi por esse motivo que os judeus me agarraram quando eu estava no templo e tentaram me matar. Mas Deus tem me ajudado muito até o dia de hoje e é por isso que eu agora estou aqui, testemunhando a respeito dele tanto para os que são de condição simples como para os que são importantes. Eu nunca disse nada que fosse além daquilo que tanto os profetas como Moisés já disseram, isto é, que Cristo iria sofrer e que iria ser o primeiro a ser ressuscitado e que assim anunciaria a luz tanto para os que são judeus como para os que não são judeus.

Paulo estava dizendo estas coisas em sua defesa quando Festo gritou:

—Você está louco, Paulo! Você estudou tanto que ficou maluco!

Mas Paulo disse:

—Eu não estou maluco, Excelentíssimo Festo. As coisas que eu estou dizendo são verdade e de bom senso. O próprio rei Agripa aqui presente sabe a respeito dessas coisas e eu tenho certeza de que nenhuma delas escapou ao conhecimento dele, pois nada foi feito às escondidas. É por isso que eu posso falar ao rei abertamente. Ó rei Agripa, acredita nos profetas? Eu sei que o senhor acredita.

Então o rei disse a Paulo:

—Você acha que assim, em pouco tempo, pode me persuadir a me tornar cristão?

Paulo respondeu:

—Assim Deus permitisse que, em pouco ou muito tempo, não apenas o senhor, ó rei, porém todos os que hoje me ouvem se tornassem como eu sou—só que sem estas correntes.

Então o rei Agripa, o governador, Berenice e todos os que estavam sentados com ele se levantaram e saíram do auditório, comentando uns com os outros:

—Esse homem não fez nada para merecer a morte e nem mesmo a prisão.

E Agripa disse a Festo:

—Este homem já podia estar solto se não tivesse pedido para ser julgado por César.

ESTUDO DEZENOVE

ATOS 27:1-2, 9-26, 33-44

Fé Durante a Tempestade

A viagem a Roma

Ficou então decidido que navegaríamos para a Itália. Paulo e alguns dos outros presos foram entregues a um oficial chamado Júlio, o qual pertencia ao Regimento Imperial. Embarcamos num navio que estava pronto para partir da cidade de Adramítio para costear a região da Ásia. Aristarco, um macedônio da cidade de Tessalônica, estava conosco.

Tinha-se perdido muito tempo e agora tornava-se perigoso navegar, pois o período do jejum já tinha passado. Paulo, então, avisou a todos, dizendo:

—Homens! Vejo que a nossa viagem será terrível e que trará muitos prejuízos, não somente para a carga e para o barco, como também para as nossas próprias vidas.

Mas o oficial romano dava mais crédito ao piloto e ao dono do navio do que ao que Paulo dizia. Como o porto onde nós estávamos não era seguro para se passar o inverno, a maioria decidiu partir e tentar chegar à cidade de Fenice e passar o inverno ali. Fenice é um porto da ilha de Creta que olha para o sudoeste e para o noroeste.

A tempestade no mar

Um vento fraco começou a soprar do sul. Então todos pensaram que poderiam seguir viagem tranqüilamente. Eles levantaram âncora e puseram-se a navegar ao longo do litoral de Creta. Pouco depois, porém, um vento muito forte chamado "Nordeste" veio da ilha. Ele era tão forte como um furacão, e arrastou o navio de tal maneira que não conseguíamos avançar contra ele. Então desistimos e deixamo-nos levar pelo vento. Protegidos do vento por uma pequena ilha chamada Cauda, conseguimos, com muita dificuldade, amarrar o bote salva-vidas. Depois de terem suspendido o bote, os marinheiros amarraram o navio com cabos de segurança. Eles tinham medo de que ele fosse levado para a costa e que ficasse encalhado em Sirte. Depois baixaram a vela e deixaram que o navio fosse levado pelo vento. No dia seguinte, como o vento continuava a soprar fortemente, eles começaram a jogar a carga no mar. E, no terceiro dia, eles, com as próprias mãos, atiraram a aparelhagem do navio no mar. Durante muitos dias, não pudemos ver o sol, nem as estrelas, e o vento continuava soprando forte. Finalmente, perdemos toda a esperança de sermos salvos.

Como estávamos muito tempo sem comer nada, Paulo ficou de pé no meio deles, e disse:

—Homens, vocês deveriam ter me escutado e ficado em Creta. Assim se teria evitado este dano e perda. Agora, porém, é preciso que vocês sejam corajosos pois nenhum de vocês morrerá, mas somente o barco se perderá. Digo isto porque ontem à noite um anjo de Deus, a quem eu pertenço e sirvo, apareceu junto a mim e me disse: "Não tenha medo, Paulo, pois você deve aparecer diante de César e Deus, em sua bondade, lhe concedeu as vidas de todos os que estão navegando com você". Portanto, alegrem-se, homens! Eu tenho fé em Deus e creio que Ele fará exatamente como o anjo me disse. Mas nós temos que encalhar numa ilha.

Um pouco antes de amanhecer, Paulo pediu a todos que comessem alguma coisa, dizendo:

—Já faz duas semanas que vocês têm esperado sem comer nada. Agora, porém, eu lhes peço que comam alguma coisa. Vocês precisam alimentar-se para continuar vivendo, pois nenhum de vocês perderá sequer um fio de cabelo.

Depois de dizer isto, Paulo pegou um pedaço de pão e, agradecendo a Deus diante de todos, partiu-o e começou a comer. Todos se sentiram encorajados e também comeram um pouco. Éramos ao todo duzentas e setenta e seis pessoas no barco. Depois de terem comido o suficiente, eles jogaram o restante do trigo no mar a fim de aliviar o peso do navio.

O naufrágio

Quando amanheceu, eles não reconheceram a terra, mas viram certa baía com praia e resolveram fazer o possível para que o navio encalhasse lá. Eles cortaram as âncoras e deixaram que elas caíssem no mar e também desamarraram as cordas que prendiam os remos. Depois eles levantaram a vela do lado dianteiro do navio ao vento e se dirigiram para a praia. Porém bateram contra um banco de areia e o navio ficou encalhado. A parte da frente ficou presa e imóvel, e a parte de trás começou a se arrebentar por causa da força das ondas.

Os soldados, então, resolveram matar todos os prisioneiros, para que eles não nadassem para a terra e fugissem. O oficial romano, porém, queria salvar Paulo e impediu que os soldados levassem seu plano adiante. Ele ordenou a todos aqueles que soubessem nadar que se atirassem primeiro no mar e que nadassem para a terra. Mandou também que todos os outros seguissem agarrados em tábuas ou em pedaços do navio. Assim todos chegamos à terra sãos e salvos.

ESTUDO VINTE

ATOS 28:1-31
O Fim Está Próximo

A ilha de Malta

Quando já estávamos todos a salvo soubemos que a ilha se chamava Malta. Os nativos da ilha nos receberam e nos trataram muito bem. Como começava a chover e fazia frio, eles nos fizeram uma grande fogueira. Paulo ajuntou um feixe de galhos e, depois de jogá-los no fogo, uma víbora, por causa do calor, prendeu-se na mão dele. Ao verem a cobra pendurada em sua mão, os nativos comentaram uns com os outros:

—Este homem deve ser um assassino. Ele escapou do mar, mas mesmo assim a Justiça não permite que continue vivendo.

Paulo, porém, sacudiu a cobra para dentro da fogueira sem sofrer nada. Os nativos esperavam que ele fosse inchar ou cair morto de repente. Mas, como não aconteceu nada, mesmo depois de terem esperado por um longo tempo, eles mudaram de idéia e começaram a dizer que Paulo era um deus.

Perto daquele lugar, havia alguns campos que pertenciam a Públio, o chefe da ilha. Ele nos recebeu em sua casa e nos hospedou durante três dias. O pai de Públio estava de cama, doente com febre e com disenteria. Paulo, então, foi visitá-lo e, depois de orar, colocou suas mãos sobre ele e o curou. Quando isto aconteceu, todos os outros doentes da ilha vieram e foram curados. Eles nos prestaram muitas honras e, quando embarcamos, nos deram tudo de que precisávamos.

A viagem de Malta para Roma

Depois de três meses, partimos num barco de Alexandria que tinha passado o inverno na ilha. O emblema do barco era Dióscuros. Chegamos à cidade de Siracusa, onde permanecemos por três dias. Depois seguimos viagem e chegamos à cidade de Régio. No dia seguinte começou a soprar um vento do sul e em dois dias chegamos à cidade de Potéoli. Lá encontramos alguns irmãos e eles nos pediram que ficássemos com eles por uma semana. E foi assim que chegamos a Roma. Os irmãos em Roma ouviram falar de nós e vieram ao nosso encontro à Praça de Ápio e às Três Vendas. Quando Paulo os viu, ele agradeceu a Deus e sentiu-se mais animado.

Paulo em Roma

Ao chegar a Roma, foi permitido a Paulo viver sozinho, com um soldado de guarda.

Três dias depois, Paulo chamou os chefes dos judeus para se reunirem com ele. Quando se reuniram, ele lhes disse:

—Irmãos, embora não tenha feito nada contra o nosso povo ou contra os costumes dos nossos antepassados, fui preso em Jerusalém e entregue nas mãos dos romanos. Eles interrogaram-me e queriam me soltar, pois eu não tinha feito nada que merecesse a morte. Mas, como os judeus se opuseram, tive que apelar para César. Não que eu tenha alguma coisa contra o meu povo. Esta é a razão porque pedi para falar com vocês. Pois é por causa da esperança de Israel que estou preso com esta corrente.

Eles disseram a Paulo:

—Não recebemos nenhuma carta da Judéia a respeito de você e nenhum dos irmãos que vieram de lá falou mal a seu respeito. Porém, gostaríamos de ouvir as suas idéias, pois sabemos que em toda parte se fala contra esta seita a que você pertence.

Então, depois de marcarem um dia, um grande número deles foi ao encontro de Paulo na sua própria residência. Ele, começando de manhã e indo até a tarde, lhes explicou e deu testemunho a respeito do reino de Deus, tentando persuadi-los a respeito de Jesus, tanto pela lei de Moisés como pelos profetas. Alguns foram persuadidos pelo que ele dizia; porém outros continuaram não acreditando. E, depois de haver uma discussão entre eles, foram embora. Mas antes de saírem, Paulo disse:

—Bem falou o Espírito Santo aos seus antepassados, por intermédio do profeta Isaías, quando disse:

"*Vai a este povo e diz:*
  Vocês ouvirão e escutarão, mas não compreenderão;
  olharão e verão, mas não enxergarão.
  Pois o coração deste povo está endurecido;
    eles taparam os seus ouvidos e fecharam os seus olhos.
  Se não fosse assim,
    eles poderiam ver com os seus olhos,
    ouvir com os seus ouvidos,
  e eles se voltariam para mim e eu os curaria".

—Fiquem sabendo, pois, que esta salvação de Deus foi enviada àqueles que não são judeus. E eles a ouvirão.

Durante dois anos, Paulo morou numa casa alugada por ele. Ali recebia todos que o procuravam. Ele anunciava o reino de Deus e ensinava com muita coragem e sem impedimento as coisas a respeito do Senhor Jesus Cristo.

Desafio Bíblico para Crianças

O Desafio Bíblico para Crianças é uma parte opcional dos *Estudos Bíblicos para Crianças*. Cada igreja e cada criança decide se quer participar na série de eventos competitivos.

Os eventos de Desafio Bíblico seguem as regras apresentadas nesse livro. As crianças não competem umas contra as outras para determinar um único ganhador, nem as igrejas competem umas contra as outras para determinar um vencedor.

O propósito do Desafio é ajudar as crianças a identificarem o que elas aprenderam sobre a Bíblia, desfrutarem de eventos competitivos e crescerem na habilidade de demonstrar atitudes e comportamentos cristãos durante os eventos competitivos.

Nessa competição, cada criança desafia a si mesma a atingir um nível de premiação. Com essa abordagem, as crianças competem contra a sua própria base de conhecimento e não umas contra as outras. O Desafio usa uma abordagem de múltipla escolha que permite que toda criança responda a todas as perguntas. Perguntas de múltipla-escolha oferecem diversas respostas e a criança escolhe a correta. Essa abordagem possibilita toda criança a ser um vencedor ou vencedora.

MATERIAIS DO DESAFIO

Cada criança precisa de números para responder as perguntas do Desafio. Os números do Desafio são quatro quadrados de papelão, e cada um deles possui uma divisória no topo com os números 1, 2, 3 e 4, respectivamente. Os números se encaixam dentro de uma caixa de papelão.

As caixas e números de papelão para Desafios, como a foto abaixo mostra, podem ser encomendadas na Casa Nazarena de Publicações em Kansas City, Missouri, Estados Unidos da América.

Se essas caixas e números para o Desafio não estiverem disponíveis em sua área, você pode fazer seus próprios números usando papel, pratos descartáveis, madeira ou qualquer outra coisa que você tiver disponível. Cada criança precisa de um *kit* de números para o Desafio.

Cada grupo de crianças precisará de uma pessoa para registrar suas respostas. Há uma folha de registro de pontos na página 156 que pode ser reproduzida para competição. Use essa folha de registro para marcar as respostas de cada criança.

Se possível, forneça algum tipo de prêmio pela performance das crianças em cada evento de Desafio. Premiações sugeridas: certificados, adesivos, fitas, troféus, ou medalhas. Modelos de certificados podem ser encontrados nas páginas 153 e 154.

Por favor, siga as regras. As competições que não funcionarem de acordo com as Regras e Procedimentos Oficiais de Desafio Bíblico para Crianças não qualificarão para outros níveis de competição.

Regras e Procedimentos Oficiais de Desafio Bíblico para Crianças

IDADES E SÉRIES

Crianças do 1º ao 6º ano* podem participar das competições de Desafio Bíblico para Crianças. A partir do sétimo ano, independente da idade, elas devem participar do Desafio Bíblico para Adolescentes.

Nível básico de competição

Esse nível de competição é para competidores mais jovens ou iniciantes. Competidores mais velhos que preferirem participar em um nível mais fácil de competição, também podem participar no Nível Básico. As perguntas para o Nível Básico são mais simples. Há três opções de respostas para cada pergunta e quinze perguntas em cada rodada. O diretor distrital ou regional de Desafio Bíblico para Crianças determina as perguntas e o número de rodadas em cada competição da Gincana. A maioria das competições tem duas ou três rodadas.

Competição de nível avançado

Esse nível de competição é para competidores mais velhos ou mais experientes. Competidores mais jovens que quiserem um desafio maior podem participar do Nível Avançado. As perguntas para o Nível Avançado são mais detalhadas. Há quatro possíveis respostas para cada pergunta e vinte perguntas em cada rodada. O diretor distrital ou regional de Gincana Bíblica para crianças determina as perguntas e o número de rodadas em cada competição da Gincana.

Trocando de nível

As crianças podem trocar de Nível Básico ou Avançado somente em competições por convite, que são entre duas ou mais igrejas. Isso ajuda os líderes e as crianças a determinarem o melhor nível de cada uma.

Para competições de zona/área, distrito e região, o diretor local tem que registrar cada criança no Nível Básico ou no Nível Avançado. A criança deve competir no mesmo nível nas competições de zona/área, distrito e região.

TIPOS DE COMPETIÇÃO

Competição por Convite

Uma competição por convite acontece entre duas ou mais igrejas. Os diretores de Desafio Bíblico local e de zona/área, ou os diretores distritais de Desafio Bíblico podem organizar competições por convite. Os indivíduos que organizarem competi-

---

*Informação para outros países, sem ser os Estados Unidos: 1º ao 6º ano correspondem geralmente às idades de 6 a 12 anos.

ções por convite têm a responsabilidade de preparar as perguntas para a competição.

Competição de Zona/Área

Cada distrito pode ter pequenos agrupamentos de igrejas que são chamadas zonas. Se uma zona tiver mais competidores que as demais zonas, o diretor distrital de Desafio Bíblico pode separar ou juntar zonas para criar áreas com uma distribuição mais equitativa de competidores. O termo "área" significa que as zonas foram agrupadas ou divididas.

As igrejas localizadas em cada zona/área competem em sua própria zona/área. O diretor distrital de Desafio Bíblico para Crianças organiza a competição.

As perguntas para as competições de zona/área são oficiais. Envie um e-mail para *ChildQuiz@nazarene.org* para solicitar as perguntas do Escritório Global de Desafio Bíblico para Crianças.

Competição distrital

As crianças avançam da competição de zona/área para a competição distrital. O diretor distrital de Gincana Bíblica para Crianças determina as qualificações necessárias e organiza a competição.

As perguntas para as competições distritais são oficiais. Envie um e-mail para *ChildQuiz@nazarene.org* para solicitar as perguntas do Escritório Global de Desafio Bíblico para Crianças.

Competição regional

A competição regional é uma competição entre dois ou mais distritos.

Quando houver um diretor regional de Desafio Bíblico para Crianças, ele determinará as qualificações necessárias e organizará a competição. Se não houver um diretor regional, os diretores distritais que estiverem participando organizam a competição.

As perguntas para as competições de regionais são oficiais. Envie um e-mail para *ChildQuiz@nazarene.org* para solicitar as perguntas do Escritório Global de Desafio Bíblico para Crianças.

Competição mundial

A cada quatro anos, um Desafio Mundial Internacional é patrocinado pelo Escritório de Ministério Infantil Internacional. O Ministério Infantil Internacional determina a data, local, custo, datas de qualificação e o processo geral de qualificação para todas as competições de Desafio Mundial.

A cada quatro anos, o Escritório Geral de Desafio Bíblico em conjunto com o Ministério de Escola Bíblica e Discipulado Internacional patrocinam o Desafio Mundial. O Escritório Global de Desafio Bíblico determina as datas, locais, custos e o processo geral de qualificação para todas as competições de Desafio Mundial. E-mail *ChildQuiz@nazarene.org* para mais informações.

DIRETOR DISTRITAL DE DESAFIO BÍBLICO PARA CRIANÇAS

O diretor distrital de Desafio Bíblico para Crianças opera em todas as competições de acordo com as *Regras e Procedimentos Oficiais de Desafio Bíblico para Crianças*. Ele tem autoridade para introduzir procedimentos adicionais para a Gincana no distrito sempre que esses procedimentos não entrarem em conflito com as *Regras e Pro-*

cedimentos Oficiais de Desafio Bíblico para Crianças. O diretor distrital de Desafio Bíblico entra em contato com o Escritório Geral de Desafio Bíblico, quando necessário, para pedir alguma mudança específica nas Regras e Procedimentos Oficiais de Desafio Bíblico para Crianças para o distrito. Ele ou ela é quem toma as decisões e resolve conflitos em relação a aplicação das Regras e Procedimentos Oficiais de Desafio Bíblico para Crianças. O diretor distrital de Desafio Bíblico para crianças entra em contato com o Escritório Global de Gincana Bíblica para Crianças para lidar com uma regra oficial em uma situação específica, se necessário.

DIRETOR REGIONAL DE DESAFIO BÍBLICO PARA CRIANÇAS

O diretor regional de Desafio Bíblico para Crianças cria uma equipe de liderança de Desafio Bíblico para Crianças que consiste em todos os diretores distritais de Desafio Bíblico para Crianças na região. O diretor regional de Desafio Bíblico para Crianças mantém contato com sua equipe para que os procedimentos sejam consistentes por toda a região. Ele ou ela opera e organiza as competições regionais de acordo com as Regras e Procedimentos Oficiais de Desafio Bíblico para Crianças. O diretor regional de Desafio Bíblico para Crianças entra em contato com o Escritório Global de Desafio Bíblico para Crianças para solicitar qualquer mudança nas Regras e Procedimentos Oficiais de Desafio Bíblico para Crianças para uma região específica. Ele ou ela resolve qualquer conflito que possa surgir durante a aplicação das Regras e Procedimentos Oficiais de Desafio Bíblico para Crianças. O diretor regional de Desafio Bíblico para Crianças entra em contato com o Escritório Global de Desafio Bíblico para Crianças para lidar com a aplicação de uma regra especial em uma situação específica, se necessário. Ele ou ela deve entrar em contato com o Escritório Global de Desafio Bíblico para Crianças para colocar a data do desafio regional no calendário geral da igreja.

Nos Estados Unidos e Canadá, o diretor de Desafio Bíblico para Crianças é uma posição em desenvolvimento. Atualmente essa pessoa não preside os diretores distritais de Desafio Bíblico para Crianças na região.

MODERADOR DE DESAFIO

O moderador de desafio é quem lê as perguntas durante a competição. O moderador do desafio lê a pergunta e as respostas de múltipla escolha duas vezes antes das crianças darem suas respostas à pergunta. Ele ou ela segue as *Regras e Procedimentos Oficiais de Desafio Bíblico para Crianças* estabelecidas pelo Escritório Global de Desafio Bíblico para Crianças e pelo diretor distrital ou coordenador regional de Desafio Bíblico para Crianças. No caso de um conflito, a autoridade final é o diretor distrital/regional de Desafio Bíblico para Crianças que consultará as *Regras e Procedimentos Oficiais de Desafio Bíblico para Crianças*. O moderador do desafio pode participar de discussões com o juiz de pontuação e também com o diretor distrital/regional de Desafio Bíblico para Crianças para definir alguma apelação ou objeção quanto as perguntas ou respostas. O moderador do desafio pode pedir um intervalo.

JUIZ DE PONTUAÇÃO

O juiz de pontuação é quem marca as respostas de um grupo de crianças. Ele ou ela pode participar das discussões com outros juízes de pontuação e com o diretor distrital/regional de Desafio Bíblico para Crianças quando houver alguma apelação ou objeção quanto as perguntas ou respostas. Todos os juízes de pontuação devem usar o mesmo método e símbolos para garantir uma tabulação correta de pontos.

PERGUNTAS OFICIAIS DE COMPETIÇÃO

O diretor distrital de Desafio Bíblico para Crianças é o único indivíduo no distrito a quem se permite ter uma cópia das perguntas oficiais de competição para zona/área e para o distrito.

O diretor regional de Desafio Bíblico para Crianças é o único indivíduo na região a quem se permite ter uma cópia das perguntas oficiais de competição da região. Se não houver um diretor regional de Desafio Bíblico para Crianças, um diretor distrital participante do Desafio Bíblico para Crianças poderá ter uma cópia das perguntas oficiais de competição regional.

Encomendas de formulários de perguntas oficiais anuais serão enviados via e-mail em dezembro de cada ano. Entre em contato com o Escritório Global de Desafio Bíblico para Crianças através do e-mail ChildQuiz@nazarene.org para atualizar seu endereço de e-mail. As pessoas que encomendarem, receberão as perguntas oficiais por e-mail até a metade do mês de janeiro.

MÉTODOS DE COMPETIÇÃO

Há dois métodos de competição.

Método individual

No método individual de competição, as crianças competem individualmente. Cada ponto de uma criança é marcado separado de todas as demais pontuações. Crianças da mesma igreja podem sentar juntas, mas os pontos individuais não são somados para obter uma pontuação geral para a igreja ou equipe. Não há perguntas bônus para competidores individuais.

O método individual é o único método que pode ser usado para o Nível Básico de competição.

Método combinado

O método combinado une o desafio individual e de equipe. Nesse método, as igrejas podem enviar competidores individuais, equipes ou uma combinação desses para a competição.

O diretor distrital de Desafio Bíblico para Crianças determina o número de crianças necessárias para formar uma equipe. Todas as equipes devem ter o mesmo número de competidores. O número recomendado de crianças para uma equipe é de quatro ou cinco.

Crianças de igrejas que não têm competidores suficientes para formar uma equipe podem competir como competidores individuais.

No método combinado, as equipes qualificam para perguntas bônus. Os pontos bônus conseguidos com a resposta correta a uma pergunta bônus fazem parte dos pontos totais da equipe, ao invés de fazer parte da pontuação de um competidor individual. Há perguntas bônus para as competições de zona/área, distrito e região. Perguntas bônus tipicamente incluem recitar algum versículo memorizado.

O diretor distrital de Desafio Bíblico para Crianças seleciona o método individual ou o método combinado para o Nível Avançado de competição.

PONTOS EMPATADOS

Empates entre competidores individuais ou equipes nunca vão para o desempate. Todas as crianças ou equipes que empatarem recebem o mesmo reconhecimento, o mesmo prêmio e o mesmo avanço para o próximo nível de competição.

PERGUNTAS BÔNUS

Perguntas bônus fazem parte do Nível Avançado, mas somente para equipes, e não indivíduos. Equipes devem se qualificar para poderem receber uma pergunta bônus. Perguntas bônus aparecem depois das perguntas 5, 10, 15, e 20.

Para qualificar para uma pergunta bônus, a equipe só poderá ter um número de erros igual ou menor ao número de competidores que formam a equipe. Por exemplo, uma equipe de quatro pessoas pode ter tido apenas quatro respostas erradas ou menos. Uma equipe de cinco competidores pode ter cinco respostas erradas ou menos.

Os pontos bônus para uma resposta correta tornam-se parte da pontuação total da equipe e não da pontuação individual de uma criança.

O diretor distrital de Desafio Bíblico para Crianças determina a maneira como as crianças poderão responder as perguntas bônus. Na maioria das situações, a criança dá verbalmente a resposta ao juiz de pontuação.

Antes de ler a pergunta bônus, o diretor local de Desafio Bíblico para Crianças seleciona um membro da equipe para responder a pergunta bônus. A mesma criança pode responder todas as perguntas bônus em uma rodada ou pode haver uma criança diferente respondendo a cada pergunta bônus.

INTERVALOS

O diretor distrital de Desafio Bíblico para Crianças determina o número de intervalos que cada igreja pode pedir. Cada igreja recebe o mesmo número de intervalos, independente do número de competidores individuais ou de equipes daquela igreja. Por exemplo, se o diretor distrital decidir dar um intervalo, cada igreja receberá somente um intervalo.

O diretor distrital de Desafio Bíblico para Crianças determina se haverá um intervalo automático durante a competição e qual será a pontuação específica para a realização de um intervalo em cada competição.

O diretor local de Desafio Bíblico para Crianças é o único indivíduo que pode pedir um intervalo para uma equipe de igreja local.

O diretor distrital de Desafio Bíblico para Crianças ou o Moderador de Desafio podem pedir um intervalo em qualquer momento.

O diretor distrital de Desafio Bíblico para Crianças, antes de começar a competição, determina a duração máxima dos intervalos para a competição.

PONTUAÇÃO

Há dois métodos de pontuação. O diretor distrital de Desafio Bíblico para Crianças é quem seleciona o método que será utilizado durante a competição.

Cinco pontos

- Dê cinco pontos para cada resposta correta. Por exemplo, se uma criança responder 20 perguntas corretamente em uma rodada de Nível Avançado, a criança ganha um total de 100 pontos.
- Dê cinco pontos para cada resposta bônus correta na rodada de equipes na competição de Nível Avançado. Por exemplo, se cada membro de uma equipe com quatro pessoas responder a 20 perguntas corretamente no Nível Avançado e a equipe responder quatro perguntas bônus corretamente, a equipe ganha um total de 420 pontos.

Os pontos do Nível Básico serão menores, já que este nível conta apenas com 15 perguntas por rodada, e por ser essa uma competição somente individual.

Um ponto

Dê um ponto para cada resposta correta, como a seguir:

- Dê um ponto para cada resposta certa. Por exemplo, se uma criança responder corretamente a 20 perguntas na rodada de Nível Avançado, a criança ganha um total de 20 pontos.
- Dê um ponto para cada resposta bônus certa na rodada de equipe de Desafio de Nível Avançado. Por exemplo, se cada membro da equipe de quatro pessoas responder 20 perguntas corretamente no Nível Avançado e a equipe responder quatro perguntas bônus corretamente, a equipe terá um total de 84 pontos.

Os pontos do Nível Básico serão menores, já que há somente 15 perguntas por rodada, e essa é uma competição somente individual.

APELAÇÕES

As apelações devem ser exceções e não algo muito comum durante a competição.

Solicite uma apelação somente quando a resposta marcada como correta na pergunta realmente estiver incorreta em relação a referência bíblica dada para aquela questão. Apelações lançadas por qualquer outra razão são inválidas.

Um competidor, um diretor de gincana ou qualquer outro participante da competição não pode fazer uma apelação, porque não gostam das palavras usadas para a pergunta ou para as respostas ou por acharem que a pergunta é muito difícil ou confusa.

O diretor local do Desafio Bíblico para Crianças é a única pessoa que pode fazer uma apelação para uma pergunta da competição.

Se qualquer outro indivíduo fizer uma apelação, a apelação é automaticamente considerada "inválida".

Indivíduos que fazem apelações inválidas interrompem a competição e fazem com que as crianças percam a concentração. Os indivíduos que consistentemente fizeram apelações inválidas, ou criarem problemas argumentando sobre a decisão de uma apelação, perderão o privilégio de apelar pelo resto da competição.

O diretor distrital de Desafio Bíblico para Crianças, ou o moderador do desafio, na ausência de um diretor distrital de Desafio Bíblico para Crianças, tem autoridade para remover o privilégio de apelar de qualquer indivíduo que abusar desse privilégio.

O diretor distrital de Desafio Bíblico para Crianças determina como podem ser feitas as apelações para as perguntas da competição antes da competição começar.

- A apelação será escrita ou verbal?
- Quando uma pessoa pode apelar (durante uma rodada ou no fim de uma rodada)?

O diretor distrital de Desafio Bíblico para Crianças deve explicar o procedimento das apelações para os diretores locais de Desafio Bíblico para Crianças no início do ano do desafio.

O moderador de desafio e o diretor distrital de Desafio Bíblico para Crianças seguem os passos a seguir para lidar com uma apelação.

- Determine se a apelação é válida ou inválida. Para fazer isso, ouça o motivo da apelação. Se o motivo for válido, pois a resposta dada como correta é incorreta de acordo com a referência bíblica, siga os procedimentos de apelação determinados pelo distrito.
- Se o motivo para a apelação for inválido, anuncie que a apelação é inválida e a competição continua.

Se mais de uma pessoa apelar a mesma pergunta, o moderador do desafio ou o diretor distrital do desafio seleciona um diretor local de desafio para explicar o motivo da apelação. Depois da apelação a uma pergunta, ninguém mais poderá apelar sobre a mesma pergunta.

Se uma apelação for válida, o diretor distrital de Desafio Bíblico para Crianças, ou o moderador de gincana na ausência do diretor, determina como lidar com a pergunta que foi apelada. Selecione uma das seguintes opções.

Opção A: Elimine a pergunta e não a substitua. O resultado é que uma rodada de 20 perguntas se converte em uma rodada de 19 perguntas.

Opção B: Dê para cada criança os pontos que ela receberia por um resposta correta a pergunta.

Opção C: Substitua a pergunta. Faça uma nova pergunta aos competidores.

Opção D: Deixe que as crianças que deram a resposta que estava marcada como certa nas perguntas oficiais ficarem com os pontos. Faça outra pergunta para as crianças que deram uma resposta incorreta.

NÍVEIS DE PREMIAÇÃO

O Desafio Bíblico para Crianças tem a filosofia de dar a todas as crianças a oportunidade de responder todas as perguntas, e cada criança recebe o reconhecimento por cada resposta correta que ela der. Entretanto, o Desafio Bíblico para crianças é uma competição que usa perguntas de múltipla escolha e empates nunca vão para o desempate.

Crianças e igrejas não competem umas contra as outras. Elas competem para alcançar um nível de premiação. Todas as crianças e todas as igrejas que alcançarem o mesmo nível de premiação receberão o mesmo prêmio. Empates nunca vão para desempate.

Níveis de Premiação Recomendados:
- Troféu de Bronze = 70-79% de acertos
- Troféu de Prata = 80-89% de acertos
- Troféu de Ouro = 90-99% de acertos
- Troféu Estrela de Ouro = 100% de acertos

Resolva todas as questões sobre pontuação e apelações antes de fazer a entrega dos prêmios. O moderador de gincana e os juízes de pontuação devem ter certeza de que todos os pontos estão corretos antes da premiação.

Nunca tire o prêmio de uma criança depois que ela o recebeu. Se houver um erro, as crianças podem receber um prêmio mais alto, mas não um prêmio mais baixo. Isso vale para prêmios individuais e de equipe.

ÉTICA DE COMPETIÇÃO

O diretor distrital de Desafio Bíblico para Crianças é a pessoa no distrito que tem a responsabilidade de conduzir as competições de acordo com as *Regras e Procedimentos Oficiais para Desafio Bíblico de Crianças*.

- **Ouvir Perguntas Antes da Competição**. Já que as competições usam as mesmas perguntas, não é apropriado para as crianças e pessoas envolvidas na gincana participarem de outra competição de mesmo nível, seja de zona/área, distrito, ou região, antes de participarem de sua própria competição. Se um adulto que trabalha com Desafio Bíblico participar de outra competição, o diretor distrital de Desafio Bíblico para Crianças pode decidir desqualificar a igreja do adulto participante, impedindo sua participação na competição. Se um dos pais e/ou criança assistirem outra competição, o diretor distrital de Desafio Bíblico para Crianças pode escolher desqualificar a igreja do pai e/ou criança participante, impedindo sua participação na competição.

- **Atitude e Conduta dos Facilitadores**. Os adultos devem se conduzir de maneira profissional e cristã. As discussões sobre desentendimentos entre o diretor distrital de Desafio Bíblico para Crianças, o moderador de desafio e o juiz de pontuação devem acontecer em particular. Os facilitadores adultos do Desafio não devem compartilhar sobre seus desentendimentos com as crianças. Um espírito de cooperação e espírito esportivo são importantes. As decisões e regras do diretor distrital de Desafio Bíblico para Crianças são definitivas. Anuncie essas decisões em um tom positivo para as crianças e para os adultos.

TRAPAÇAS

Trapaça (colar/copiar) é coisa séria. Trate-a com seriedade.

O diretor distrital de Desafio Bíblico para Crianças, em consulta com o Conselho Distrital do Ministério Infantil, determina a política a ser seguida no caso de uma criança ou adulto trapacear durante a competição.

Tenha certeza de que todos os diretores locais de ministério infantil, pastores de crianças e diretores locais de Desafio Bíblico para Crianças recebem o material com a política e os procedimentos do distrito.

Antes de acusar um adulto ou criança de trapacear, tenha provas ou uma testemunha de que a trapaça ocorreu.

A seguir, apresentamos um procedimento que serve de exemplo. Tenha certeza de que o desafio não será interrompido e que a pessoa acusada de trapacear não será envergonhada na frente dos outros.

- Se você suspeitar que uma criança trapaceou, peça para alguém servir como juiz de trapaça para observar as áreas, mas não aponte para qualquer criança que estiver sob suspeita. Depois de algumas perguntas da competição, peça a opinião do juiz de trapaça. Se o juiz de trapaça não identificar qualquer tipo de cópia ou trapaça, continue com o desafio.
- Se o juiz de trapaça viu a criança trapacear, peça para esse juiz confirmar isso. Não faça nada até que todos estejam seguros da trapaça.
- Explique o problema para o diretor local de Desafio Bíblico para Crianças e peça para o diretor falar com a pessoa acusada em particular.
- O moderador do desafio, o juiz de trapaça, e o diretor local de Desafio Bíblico para Crianças devem ficar observando caso a trapaça continue.
- Se a trapaça ou cópia continuar, o moderador do desafio e o o diretor local de Desafio Bíblico para Crianças devem falar com a pessoa acusada em particular.
- Se a trapaça ou cópia continuar, o moderador do desafio deverá comunicar o diretor local de Desafio Bíblico que a pontuação daquela criança será eliminada da competição oficial.
- No caso da trapaça ser do juiz de pontuação, o diretor distrital de Desafio Bíblico pedirá para o juiz de pontuação sair e um novo juiz tomará o lugar dele.
- No caso da trapaça vir de alguém da plateia, o diretor distrital de Desafio Bíblico para Crianças lidará com a situação da maneira em que julgar ser mais apropriada.

DECISÕES NÃO RESOLVIDAS

Consulte o Escritório Global de Desafio Bíblico para Crianças sobre decisões não resolvidas.

CERTIFICADO DE PARTICIPAÇÃO

Concedido a

_____
NOME

Parabéns por completar com sucesso os
Estudos Bíblicos para Crianças: Atos

_____
DATA

_____
LOCAL

_____
PROFESSOR (A)

PRÊMIO DE EXCELÊNCIA

Concedido a

_____
NOME

Ótimo Trabalho! Nós reconhecemos o seu desempenho extraordinário nos *Estudos Bíblicos para Crianças: Atos*

_____
DATA

_____
LOCAL

_____
PROFESSOR (A)

LISTA DE PRESENÇA

Escreva os nomes das crianças nas linhas abaixo. Coloque um X na coluna de cada lição que a criança tiver comparecido. Você pode fazer cópias dessa folha de presença se você precisar de mais linhas.

NOME DA CRIANÇA	1	2	3	4	5	6	7	8	9	10	11	12	13	14	15	16	17	18	19	20

Tabela de Pontos da Competição de Crianças

Instruções:

Competição Básica só usa as perguntas 1-15. Competição avançada usa as 20 perguntas. Leia as *Regras e Procedimentos Oficiais* para instruções completas.

Igreja/Nome da Equipe: _____

Nomes:

Rodada 1	1	2	3	4	5	6	7	8	9	10	11	12	13	14	15	16	17	18	19	20	Total

Bônus da Equipe:

Total da Equipe

Nomes:

Rodada 2	1	2	3	4	5	6	7	8	9	10	11	12	13	14	15	16	17	18	19	20	Total

Bônus da Equipe:

Total da Equipe

Nomes:

Rodada 3	1	2	3	4	5	6	7	8	9	10	11	12	13	14	15	16	17	18	19	20	Total

Bônus da Equipe:

Total da Equipe

Obrigado!

Muito obrigado a todos que contribuíram para a Oferta Missionária "Crianças Alcançando Crianças", de 2008- 2009: O Desafio *D-Code*. Suas doações viabilizaram a série de Estudos Bíblicos para Crianças: 1 & 2 Samuel; Mateus; Atos; Gênesis; Êxodo; e Josué, Juízes e Rute.

Todo ano, crianças de mais de 1.000 organizações locais de todas as partes do mundo ofertam para esse projeto.

Além do dinheiro levantado para o Estudo Bíblico para Crianças, "Crianças Alcançando Crianças" impacta crianças de todo o mundo em uma variedade de maneiras incríveis. Essa oferta especial tem um nome apropriado. É realmente uma maneira de crianças ajudarem crianças.

Aqui vai uma lista atualizada dos projetos apoiados através do "Crianças Alcançando Crianças":

"Crianças Alcançando Crianças": O Projeto Esperança (2009-2010):
- Suprindo as necessidades básicas das crianças no Centro de Compaixão Herstelling na Guiana.
- Suprindo o programa Almoço Quente no Haiti e o Projeto Água Haiti.
- Cuidando dos órfãos de Aids e das crianças em situação de vulnerabilidade na África.
- Trazendo esperança para as famílias e para as crianças com necessidades especiais em Tonga.
- Ajudando as crianças e as famílias afetadas pelo terremoto de 8.9 de magnitude no Japão.
- Ajudando os órfãos em Vidrare, Bulgária.
- Ajudando as crianças de áreas marginalizadas através do Cincinnati Urban Promise em Ohio, EUA.

"Crianças Alcançando Crianças": Busca da ESTRELA Missionária *(Mission STAR Quest)*:
- Apoiando os esforços para encontrar soluções para a pobreza no Centro de Esperança na África do Sul.
- Educando crianças e famílias em Moçambique através do programa de Evangelismo de Saúde Comunitário.
- Comprando computadores e mesas para escolas cristãs no Oriente Médio.
- Possibilitando que as crianças da escola nazarena em Beirute, Líbano tenham sistemas de aquecimento e eletricidade confiáveis.
- Suprindo as iniciativas do Centro de Esperança da Rua Amador em Vellajo, Califórnia, EUA.
- Ajudando a reconstruir igrejas e escolas no Haiti e na República Dominicana que foram afetados por furacões.

Essa é simplesmente uma porção de tudo o que "Crianças Alcançando Crianças" está fazendo pelas crianças ao redor do mundo. Em 2011-2012, as crianças estão levantando fundos através do "Suas Mãos: Jesus, Milagres, Remédios e Eu". O dinheiro levantado através dessa oferta ajudará a suprir as necessidades médicas das crianças e das suas famílias. Todas as entradas são divididas igualmente para as seis regiões mundiais nazarenas. Junte-se a nós ao nos unirmos a Jesus Cristo para trazer esperança ao nosso mundo.

Para mais informações sobre "Crianças Alcançando Crianças" e para apoiar iniciativas futuras de levantamento de ofertas, contate o seu representante regional do MEDD. Também visite o nosso website: *www.kidsreachingkids.com*.

www.ingramcontent.com/pod-product-compliance
Lightning Source LLC
Chambersburg PA
CBHW081346040426
42450CB00015B/3315